一方通行

為什麼大家都來問我？

只因受苦的人想得更透徹

幡野廣志——著　黃詩婷——譯

序言

身為癌症患者的我，正在募集各位的煩惱

我是一名癌症患者。非常遺憾的是已經不可能治好了，不過我正在愉快地享受剩下沒有幾年的人生。

因為我非常讚頌自己的餘生，所以不需要對我說：「一定會發生奇蹟的，維持原有的你就好，夜晚之後一定會天明。」這種流行歌曲歌詞似的激勵話語。你不需要唱著流行歌曲，由於擔心他人而感到悲傷；也不需要覺得我很不幸反而覺得開心。正在讀這篇文章的你，也終究有這麼一天，還是多擔心自己好一點。

自從我公開自己罹癌的事，有許多人傳給我加油打氣的訊息，還收到了很多宗教、健康食品、高價治療法的勸誘訊息等。這些都還是能料想到的……應該說我早就有所覺悟。

完全沒有料想到的是，我收到了許多想找我商量人生的訊息。

我可不是和尚，只是個攝影師而已。

攝影師聽起來好像還挺厲害的，但說起來不過就和賣菜、賣魚的一樣，只不過我的專業是拍照而已。拍照賺來的日幣一萬元，和便利商店打工賺來的一萬元，圖案也一模一樣，並不會因為我是攝影師就比較偉大。

如果是跟我商量「我的家人罹癌了，我不知道應該怎麼面對他」這類疾病相關的煩惱，我還比較能夠理解。但有些人是來找我商量戀愛的事情，這可就不太明白了。如果去找那種一天到晚沉醉在愛河裡，像個戀愛高手一樣的和尚商量，應該比較妥當吧。

話雖如此，由於某個理由，無論煩惱的內容是什麼，我都會回答。

先前我在推特上已經回覆了將近五百件找我諮詢的事情，還有好幾千件我無法回答的。雖然我全都有看過一遍，但若全部回答，恐怕我的壽命還會再縮短。這當然是開玩笑的，畢竟推特有文字數量上限，想說的話無法三言兩語說盡，也是有些令人煩躁。

為了解除這個困擾，我開始在網路媒體《cakes》上連載，而現在則集結成一本書了。

在《cakes》上連載標題的是：「幡野廣志的：為什麼大家都來問我？」而我

最近，稍微有一點明白大家會來問我的理由了。

有些擺明了是讓人來諮詢的地方，卻否定了來商量的人，而試圖把自己的想法強加給對方。有些時候甚至還會說起教來，或者開始批判對方，甚至還有說著「從前哪……」那種一點也派不上用場、老生常談的人。

順帶一提這種時候說的從前，可不是什麼繩文時代或者江戶時代的事情，而是那個人年輕時候的事，他們只是想說自己的事情罷了。我自己過去也曾經找前輩商量事情，對方就是這麼做的，讓我覺得非常討厭，我不會再找那種人討論自己的人生。

這種情況其實很常見，因此有些人在自己周遭找不到可以商量的人，結果只能找一位癌症患者討論自己的人生了。

如果對於是否該與現在男女朋友結婚而感到迷惘，可以試著和對方談論關於人生的事情。如果對方想將自己的想法強加在你身上，或者開始否定自己，那麼我覺得你最好考慮一下，不要跟對方結婚。因為如果有了孩子以後，對方對於孩子這種絕對弱勢的存在，肯定也會做一樣的事情。我認為會將自己的想法強加在別人身上的，通常也是一直以來都被他人強壓想法的人。

其實諮詢人生這種事情，會表現出回答者的特質與性格。雖然我不小心提高了回答的事情難度，但這也是自己最近才發現的。

因此我試著想像，這些尋求解答的提問，全部都是自己的兒子問的。因此不管什麼內容，我都會回答。

這個連載專欄中，找我諮詢的事情，回答的時候我也多半想像是兒子問的。因為如果是兒子找我商量事情，我一定會認真回答他的。

【目錄】

結語

如果話語能夠推動一個人前進，
那麼我盡可能想要當一個
能夠推著別人前進的人

250

包裹在謊言下的真心，說出來也只是謊言

Q 我想生個孩子。

我四十四歲單身，現在有個同年但已有家庭的情人，他沒有小孩。我在三十九歲的時候，曾經懷過單戀對象的孩子。我煩惱了許久，但仍決定生下來。將這個決定告訴對方以後，他就離開了我。我下定決心就算只有自己，也要把孩子生下來。我萬分期待孩子的到來，卻在將要臨盆時，那孩子就因為被臍帶繞頸而過世。

之後的一兩年我都無法放棄這件事情，但是到了這把年紀，也很難去參加聯誼之類的活動，大概過了四十二歲以後，我就覺得這太不切實際，終究放棄了。

為了要能夠一個人過活，我找了穩定的工作、學習有興趣的東西，悠哉地開始建構起可以一個人過日子的生活，但此時我卻得知，有位比我自己還要期待我生下孩子，當我的孩子胎死腹中的時候與我一同哭泣的朋友，由於罹患疾病，已經沒有多少日子可活了。

有得必有失。雖然這樣很奢侈，但我開始想著希望為那將失去的生命，產下一個新生命作為一種交換，至少希望這能成為她的生存希望，我還是希望能讓那小小的手接觸到她的指尖。

希望她的雙手能夠擁抱我溫暖的孩子。

我並沒有特別想要現在這個男友的孩子，也並不想要破壞他重要的家庭。年齡上已經非常極限，但也還不是不可能，因此我難以說服自己放棄。

能請您給我一些意見嗎？

（みみ　四十四歲的女性）

A 雖然我收到了非常多的煩惱諮詢，但其實當中占據相當比例的，就是關於戀愛的話題。畢竟我也已經是個大人了，因此類似高中生灰姑娘那種戀愛諮詢案例並不多，大多是成人的外遇問題。這種情況和高中生的戀愛問題不同，有許多人會煩惱關於離婚、金錢、孩子等等現實方面的問題。

每次我遇到諮詢關於外遇的煩惱，就會覺得應該要介紹一下我認識的那位老是出軌的和尚，不過他畢竟是個住持，而且隱瞞著自己外遇的事情，所以我一直沒能實現這件事情。

一開始我會拒絕這類問題，但並不是因為我覺得外遇是壞事，也不覺得離婚就是一種失敗。在我死後，如果老婆想要再婚的話，我也會從另一個世界鼓勵她的。

所謂的配偶，是唯一一個可以自己選擇的家人。爸媽、兄弟姊妹和親戚都是無法選擇的，但你可以選擇自己的先生或老婆。如果選家人的時候失敗了，那麼換一個就好。

我看過許多外遇的問題之後，發現了一件事情，就是當中有非常多偽裝自己的人。不知是否因為覺得自己落敗，又或者是想讓自己看起來比較冠冕堂皇。來諮商外遇問題的人，有個經常使用的詞彙，那就是「重要」。

他有重要的家人……我有重要的孩子……

在日常生活的對話當中，並不會特別說到重要。我在介紹自己的兒子時，不會介紹「這是我重要的兒子」。每當我看到有人這麼說，就老是感受到「重要」這個詞彙當中，包含了妨礙的意思呢。

「我並沒有特別想要現在男朋友的孩子，也並不想要破壞他重要的家庭。」

詢問者的這句話，我的解讀是這樣的，我想這應該才是真心話：「我想要他的孩子。他的家庭對我來說實在太礙眼了，真希望能趕快毀滅。」

如果妳想說「沒有那回事」的話，那就馬上分手吧。這是為了他重要的家庭好，即使對他來說非常重要，對妳來說也只是一種妨礙而已。

就連那因病而來日不長的朋友，都成了妳想要孩子的理由之一。如果我的朋友說，她覺得這能成為我活下去的希望，而想生個孩子，說老實話這真是令我感到困擾。當然如果真的生了，我還是會包紅包，也會幫忙拍照。

我希望大家不要誤解，我並沒有否定諮詢者想要生小孩的事情。但是諮詢者偽裝了自己，想讓自己看起來光明正大、認為一定有人能夠為自己帶來幸福，這點我是抱持疑問的。

請先不要對自己說謊，誠實一點吧。如果妳能夠誠實，就老實地將這份心情告訴對方。

包裹在謊言下的真心，說出來也只是謊言。說不定他也很想要孩子、又或者他只不過是玩玩而已。無論如何，我都認為這是應該要老實、不以謊言包裝，直接找對方商量的問題。這不管是外遇關係或是夫妻關係、也無論年齡大小，都是一樣的。

批判與責難完全不同，責難是有個底限的

Q 我總是興味十足地閱覽著幡野先生您的發言。

我因為有某種特殊障礙，所以會針對那個障礙發言，但不管過了多少年，我都無法習慣別人的批判，每當看見有人對於這障礙不理解而提出批判，我就覺得非常煩躁。

聽聞幡野先生也收到了各種勸誘以及批判，是否也曾經備感壓力呢？我一直非常在意，不知道您是如何接受面對那些批判的。

另外也擅自為您擔心，要是累積壓力就對身體不好了……

如果您有讓自己不感到煩躁，或者是消除壓力及煩躁感的方法，還望您能夠告知，因此我才提出這些詢問。如果您能夠回答我，就太令人開心了。

今後我仍將期待幡野先生您的發言。

（匿名）

A 這件事情非常重要，所以我想先說明。批判和責難非常相似，卻完全不同。由於我的工作是攝影師，因此針對作品而來的批判及責難有很多；加上我從前也曾經是獵人，狩獵這個行為也很容易受到批判及責難，也就是說我確實是習慣了。

自從生病以後，遭人批判或者責難的事情仍然不少，但說老實話我覺得這根本不是什麼大事。

我前面寫了，批判和責難是不一樣的，關於我發出的訊息以及發表的作品方面，我認為「批判」是能夠提高精密度以及品質的養分，因此我會看過一遍批判的內容，並且將能夠反駁他們的話語都儲存起來。如果是品質很高的批判，我也會因此呻吟；如果是失了準頭的批判，我則會嘆口氣。

「批判」是由於不明白該對象而發生的，換句話說就是類似「疑問」的東西。如果是疑問或者質詢的話，我將其視為可以回答，並不會有所損失，同時，針對批判提出反駁，也對於發布資訊有利。

以我的經驗來說，就算是針對批判提出反駁，對方也幾乎不會接受。甚至是對方根本沒有想到會遭到反駁，為了要給自己一個臺階下，還會連自己的論點都給撤換掉。

不管是在網路上，還是在壽司店的吧檯前，要讓批判我的人接受或者讓對方理解並化解他的誤會，這種事情我早都放棄了。

你會問我，那麼為什麼還要反駁呢？這是由於網路上會有不特定第三人在看，壽司店會有吧檯後的師傅在看，為了讓這些人理解，我才會進行反駁。我感受到這樣子反而能夠將我想告訴大家的事情，傳達給大部分的人知道。

問題是「責難」。中傷也包含在內。我想，讓這位諮詢者感到煩惱的應該也是這一類，因為責難與中傷遠比批判多得太多。

責難當中自然也有水準比較高……應該說是非常技巧的責難。也有失了準頭，說得非常不怎樣的情況。真要說起來，我認為責難比較接近一個是否擅長的世界。

巧妙且罵得好的，會將「真心話」藏得非常好，讓人看起來就像是正當的批判，藉此限制住責難的對象。而所謂罵得不好的責難，就是「真心話」藏得不是很好的情況。

若問隱藏的真心話是什麼，那其實就是「嫉妒」。

雖然說都是嫉妒，但其種類非常繁多。

可能是錢、可能是工作、又或者是自己非常忍耐的事情、或者是知名度、生活方式、人際關係、家庭關係等等，各式各樣都有可能。

會來責難你的人，他們有各自感到幸福的價值觀，由於感到不滿足而嫉妒他人。說得明白一點，會去責難或者中傷他人的，就是懷抱著不滿的人。

舉例來說，雖然這有點難以置信，但我曾經被那種親子關係不良的人，或是想要小孩卻一直無法有小孩的人責難以及中傷。

雖然這是由於他們嫉妒我和孩子之間的關係，但這實在也拿他們沒有辦法。我也不會想要反駁他們，因此若是在網路群組之類的地方，我就直接封鎖他們。

我並不打算因為考量這類人的心情而「稍微節制」。大家也是一樣的，如果老是顧慮我有病的事情，那可就沒辦法寫出健康的發文啦。

雖然這是理所當然的，但畢竟不是所有人都會責難中傷其他人啊。會從「羨慕」成長為「真狡猾」「令人火大」的，只有一小部分人而已。

我也經常會覺得好羨慕某些人。前幾天看到父親騎著機車載著孩子，我也覺得好羨慕。

我想著他們會聊些什麼呢？應該很開心吧？如果這份感情變成嫉妒而無法壓抑的話，我就會說些：「共乘機車實在太危險了，怎麼可以讓小孩坐上去呢？真令人難以置信！」這種臭不可聞的糟糕回應或者留言，這是因為他們的行為太耀眼了令人無法直視，我希望讓他們別再這麼做。

我不會將焦點放在那些責難或者中傷我的人的話語上，而會找出他們的本意。因為他們還花費功夫特別來責難中傷我，一定是有理由的。**明白理由以後，那些責難與中傷的話語就會變得非常虛弱，小到幾乎不會在意他們說了什麼。**

這很像是要找出那些沾了泥土，還被堅硬無法食用的外皮包裹的柔軟竹筍。雖然我不曾剝過竹筍殼，不太清楚那要怎麼作業，不過我想應該是很類似的。

我也曾無法好好將自己思考的事情回覆給對方，而且體驗過許多次，結果都是感到非常後悔。我不想一直抱著那種念頭搞到幾乎生病，而且再怎麼說，也不想死前還抱持那種想法。

批判、責難及中傷都是言語，是把言語當作武器，毫無顧忌地攻擊你。因此當然也只能拿言語當成盾牌，來保護自己囉。

不擅溝通的人，不是和對方有距離感的人

Q

我一直有在看您的連載。

我不明白要如何與人建立穩定的關係。

環視周遭的人，大家能都輕易地與他人溝通，就算剛見面沒多久，也能夠讓周圍充滿著安穩的氣氛，看了就令人羨慕。

我也不是苦於不擅對話，但就只有和人見面的當下還行，關係無法延續下去。

我的交友關係非常狹窄又淺薄，而且當我明白和人的關係真的非常表面的時候，實在是很痛苦。

大家若不是太過顧忌我，就是非常輕視我，而我也與那些人沒有長久的關係。

我並不是希望與所有人都有深切的關係，我只是想著希望至少能夠和其他人對等地往來交談，如果您能回答我就太好了。

（匿名　二十三歲的女性）

A 擅於溝通的人真的很令人羨慕呢！如果問我的溝通能力是否非常強，倒也不是那麼回事，說起來我算是比較不擅長的。

邀我去喝酒聚餐的話，我會一口答應。雖然不至於臨時取消，但時間接近了我就會覺得非常麻煩。基本上我不太回電子郵件，也不怎麼接電話，但反而會在推特上發言，所以我有自覺自己這方面不太行，就算因而被人憤怒的捅一刀，也沒什麼好驚訝。

如果提到溝通能力低落的人，妳會怎麼想像？我總覺得那個人應該無法直視他人，對話也常常無法進行下去，因而消極地和其他人拉出一種距離感。

這是我最近這一年與許多人見過面和使用訊息或者電子郵件往來，才感受到的事情。真正溝通能力低落之人，並不是和對方距離感很遠的人，我現在開始認為，那些與對方距離感過近的人，才是溝通能力很低的人。

比方說那些一直談論自己事情的人。如果他說的內容聽起來還算有趣，讓人想聽下去也就罷了，但很遺憾，事情並不總是如此。距離感過近的人，通常都會一直說一些無關緊要、無聊的話題，連別人想插個嘴都很難。

距離感過近，反而會讓對方試著拉開距離，結果本人只會覺得更加孤獨。因為希望別人聽自己說，所以只要遇到人又會沒完沒了，只顧著說自己的事情。這種人可能是陷入了一種惡性循環，希望有人聽自己說，但大家又不願意聽。不管在網路社群上還是日常生活當中都會有這種人，就算和主題沒有關聯，但他馬上就會連結到自己的事情，然後把話題轉移到自己身上。

那麼，**什麼樣的人才是溝通能力高的人呢？我認為是那些對於自己不明白之事能夠好好說自己並不懂，並願意傾聽對方話語的人**。在和這種人談話的時候，就覺得心情很好。

和初次見面者的溝通，在日常生活中是很常發生的。就算只是當下和第一次見面的對象談話，也可能會為自己的人生帶來偌大的影響，這第一次見面的人很可能會變成知心好友，也可能會發展為戀愛或者結婚的對象。

當然也有可能帶來不良影響，因此若是覺得對自己不好，那麼就必須要逃走。為了要看清楚這件事情，溝通能力是非常重要的。這在日常生活當中可是比會微積分還要重要，但學校卻不會教我們這件事情。不過這是因為我不會微積分所以這麼想，擅長的人也許日常生活中，的確會使用微積分也說不定。

若問家中能不能學會溝通的方式呢？這又有點困難。如果爸媽本身是非常擅長溝通的人也就罷了，如果不是的話又該怎麼辦呢？而且溝通的方式雖然也有些普遍性的東西，但不同世代的人又會有些微變化。
溝通並不是一個人可以獨自辦到的，要有對象才會成立。而且絕對會有「合得來」與「合不來」的情況。硬是要配合那些合不來的人，會很痛苦。如果你覺得兩人之間往來非常空泛的話，就只是因為那是一個空泛的對象，這並不是壞事，因為你不可能和所有見過面的人都成為知心好友。
交往時間的長度也沒有意義，我現在有往來的人，幾乎都是在我生病以後才認識的對象，所以和大家認識都不到一年。
諮詢者說：「大家若不是太過顧忌我，就是非常輕視我。」我也不禁想著，莫非是有什麼會讓別人如此想的特質嗎？但無論如何，被顧忌或者被輕視以對，都非常令人感到討厭。也許妳可能是帶有一些那樣的特質，但那也沒關係。就把妳當下感受到的事情，當成是一種偵測對方的試紙就好了，會看輕他人的對象，根本沒有必要和他變親密，空泛地往來也就夠了。
一定會有和妳自己合得來的人，不可能沒有的，只是還沒有遇到而已。
安穩的溝通得要有個安穩的對象，而且妳本人也必須要安穩才行。
為了要遇到那個安穩的對象，要不要先試著深思讓妳安穩的人是個什麼樣的人？我想應該是那些不會做出令自己感到痛苦或討厭的人。
我會為妳加油的。

完全沒有備戰姿態就打贏的戀愛，並不存在

Q 我在社會人士的社團裡結識了喜歡的人。但我的朋友似乎也喜歡那個人，並且淡淡地向那個人釋出好意，用她可愛的笑容。

朋友似乎也注意到我們喜歡的是同一個人，但我們彼此都不提這件事。不管是自己無法誠實面對，或者看到他們非常要好，再想想今後彼此的關係，就覺得內心十分煩躁，覺得該做點什麼。

對方似乎對我有點意思，也可能沒有，我非常不安。

幡野先生如果是站在我喜歡的人的立場，那麼接下來採取什麼樣的行動，您才會對我有興趣呢？

（匿名　女性）

A 我連載的標題是：「為什麼大家都來問我？」畢竟我的職業是個攝影師，以前曾當過獵人，但現在是個病人，看起來完全沒有戀愛的元素在身上，甚至可以說是個在戀愛之河彼岸的病人，所以每當我收到諮詢戀愛的問題，內心就忍不住再唸了一次我的標題。

回答別人的煩惱時，我總是預設為是「未來自己兒子來向我商討煩惱的事情」，以此基礎下回答這些問題。因為如果是兒子的煩惱，那麼身為父母親的當然是會與他一同煩惱、思考，不過找我諮詢戀愛的事情，我覺得就跟找一頭野生的熊商量沒什麼差別。

在某處絕對有更加適合諮詢戀愛問題的對象，絕對有。但還是來找一頭野熊商量，我想這表示妳也已經被逼到盡頭了吧？所以我會與妳一起煩惱，不過還請記得，這不過是頭生病的野熊給妳的建議而已。

妳沒有獲勝的機會。

就把朋友當成是敵人好了，畢竟是情敵，所以當成敵人應該是沒有問題的。當然以對方的角度來看，妳也是敵人，這是一場戰爭。

妳的敵人別說是快了妳一步，十幾步都有了。淡淡地表現出好意這種技術可是非常高超的。一直隱瞞著對對方的好感，之後忽然告白，這大概是高中以前的戀愛模式。大人的戀愛則是不斷釋出好感，讓對方逐漸留意到自己的存在，然後才開始交往。

如果只是在一旁等待，他絕對不會回頭看妳的。坐在原地等待就能夠有魚兒上鉤，那是因為魚鉤上有餌食。如果有他會緊咬不放的餌食那就沒有問題，但是要撒下明確的餌，又是另一種高明的技術。

敵人也是背負著很可能會被討厭，又或者被甩掉的風險在行動的。**能夠提起勇氣行動的人才能夠獲勝，這就是戀愛的幸福**。而且她的笑容可是連身為敵人的妳都覺得非常可愛，以敵人來說實在令人敬佩。

一般來說，他應該會因為非常在意妳的敵人，而在不久後就與對方交往吧？當然我完全不了解這位男性，但妳若站在他的立場，會怎麼想？有兩位非常棒的男性，一位不斷對妳釋出好感，而另一位連準備的姿勢都沒擺。

提起勇氣行動的男性，和仔細考量到「今後的關係」這乍聽很有道理的藉口而沒有行動的男性，妳會受到哪位男性的吸引？

不提起勇氣而沒有行動的妳是沒有勝算的。與其說她是個強敵，不如說身為敵人的妳實在太弱了。

但是，話雖如此也沒有必要放棄，要顛覆妳不利的狀況就要使用戰略。

首先請好好擺出備戰姿態，然後釋放出比對方更多的好意。盡可能打在比較有效果的部位，要知道打哪裡有效，就必須要了解他，請好好觀察妳的敵人都往哪個方向打。

既然是同時有兩位女性對他有好感的好男人，可以想見可能還有其他女性也對他有興趣。要記得有伏兵，最好也該明白，受歡迎的他應該非常習慣被人愛戀。

但這就是妳獲勝的機會。

正因為他非常習慣，所以妳只要出擊，他就會注意到。比起那種被戀愛打了上鉤拳還不知不覺的遲鈍男人，又或者把單純的親切誤以為是戀愛的男人，習慣於戀愛的男人真是好多了，這也是為何受歡迎的人總是受歡迎。

也許妳沒有自信，或者覺得很不安，但現在不做出任何行動一定會後悔。就算他選擇了敵人或者伏兵，**提起勇氣釋出好意的經驗，也一定會對於下一次戀愛有所助益**。畢竟敵人也不會一直獲勝，總有失敗的一天。

打輸並非一件壞事，終有一天會為妳帶來幸福。

就像孔雀會對自己喜歡的對象展開羽翼，妳只能努力了，我們一起努力吧！

越是無法實現夢想與目標的人，越會說「這你辦不到」

Q 幡野先生，初次見面，您好，真不好意思忽然找您商量事情。先前您的問答我都拜讀過了，我是一位三十七歲單身的女性。

我從小時候就夢想要當一位配音員，但我身處只有母親的單親家庭，總是被告知要和其他人一樣普普通通的結婚，到一般的公司上班。我希望能夠回報母親的期待（順帶一提我很喜歡母親），因此大學畢業以後當個上班族，並成為業餘的遊戲配音員，零星在一些小型作品當中演出。

除了沒有結婚以外，我的薪水足夠過日子，我認為自己生活得頗為幸福。

但也快要四十歲了，身為業餘的配音員，獨居而非他人的老婆或母親……當我發現這點，腦中開始感到不安，不禁覺得自己是否無法成大器。

我真正想做的，是以配音員為業，以這個身分活下去。

但是，我的年齡已進入一個要成為專家有些為難的階段，而業餘人員實在賺不了什麼錢（甚至有時候還是我捐一些給他們）。

另外就算不在意年齡，如果要去進修能夠讓自己成為專家的專業課程，也同時需要時間與金錢，目前雖然我有足夠的金錢，但是課程大多在平日上課，因此我無法前往上課。

若問我說怎麼不辭去現在正職的工作，朝打工的生活往前邁進……這是由於我已經以社會人士身分生活了十年，我發現沒有錢的話，是很令人無法忍受的。

每當我找人商量這件事情，就會分成兩大類。有人會說，就去做自己想做的事情就好啦；另一種人則會說，妳就繼續做現在的工作，把那當成興趣就好啦。但我無法在這兩種之間做出選擇，發現自己總想著會不會哪天有幸運降臨（有人聽見我配音的聲音而來挖角之類的），靠著這種甜美的夢想在過活。

由於不曾有放棄也沒關係，只要大步向前走（比方說辭掉工作）的經驗，因此一直想著也許我會後悔，或者還是嘗試一次會比較好呢？可是又會對於金錢方面感到非常不安……但是，我仍然希望能以專家身分獲得成功……不過我的年齡……我陷入了這樣的輪迴。應該如何是好呢？

說到底這不過是個業餘人士的自言自語吧……

（みかん　三十七歲的女性）

A 我想妳最好不要和母親商量這件事情。雖然妳說「希望能夠回應母親『普通通的結婚，到一般的公司上班』的期待」，但是何謂普通呢？江戶時代的普通與平成末的普通是不一樣的，「普通」會根據時代相異而有非常大的變化。父母親說的普通，通常都是指他們自己經歷的時代當中的普通喔。

親子之間通常會差個大約三十歲左右，但是過了三十年，時代就變了。妳三十七歲的話，就表示母親大概六十七歲囉？母親和妳同年齡的時候，正是日本的泡沫經濟時代。那可是個服裝墊肩超厚、走路有風的時代呢！

當時男性的未婚率是六％、非正式員工的比例則大約是二〇％。雖然這很令人驚訝，但在妳母親的時代這是非常普通的。目前男性的未婚率為二三％，非正式員工的比例則為四〇％。這是我們的普通，是不是超慘的？

如果妳跟母親商量說，想要辭掉工作、挑戰走上配音員的道路，她一定會覺得妳遠離了普通的結婚與工作這條道路，自然會反對，也許還會對妳說「妳辦不到的」。

母親一人將妳拉拔長大，想當然耳妳非常感謝母親，而且也很喜歡她。如果對於正在煩惱的妳丟下最後的一根稻草是「妳辦不到」，那麼妳肯定會失去信心，就算有幸運降臨，也會找理由自己躲開。

之後還會有很多人對妳說「妳辦不到」，說不定還會引用這篇文章去社群貼文。但是，除了妳想成為專業配音員的目標外，其他人說什麼，妳都不需要去傾聽。

當我將攝影師當為自己目標的時候，告訴我說「你辦不到」的人，多得我聽到都能幫自己的耳垢拍張團體照了。

現在回想起來，那些越是無法實現自己夢想與目標的人，越會對我說「你辦不到」。

一個人朝著目標邁進時，姿態會閃閃發光。有些人會因為那光輝太過耀眼而不想看見，也有人會因為那光輝照耀到自己身上而感到痛苦。

如果放棄的人變多了，想來他的心情也會比較輕鬆。因為，放棄的人比較多的話，就表示那樣比較「普通」。

無法實現夢想或目標並不是一件壞事，但是因為自己無法辦到，就扯別人後腿、嘲笑朝自己目標邁進的人，就非常糟糕。

妳現在好好地工作著，過著自己認為幸福的生活。而且一邊還朝著自己的夢想，以業餘人士的身分前進著。妳是閃閃發亮的呀，真的。如果能夠讓生活安定，就會想要邁向下一步。

以妳來說，不管選擇哪條道路都是正確的。不是因為「沒有正確答案」，而是兩邊都是對的。

不過，為了夢想而陷入沒有錢的狀態，我也不覺得是一件好事。錢還是必須的，只要有錢，就能夠接近夢想。

另外，沒有什麼「相信的話，夢想就會實現」這回事。要實現夢想，必須要有適當的努力。如果想當專業配音員，卻做著立定跳遠或者鍛鍊腰力，就很不適當吧？

妳身為一個配音員是否能夠賺取生活費，沒有人知道，當然我也不知道。而妳的朋友、母親或已經成為配音員的人也不知道，因此妳只能靠自己思考來得到答案，若不這麼做，聽了別人的建言而最後失敗了，就會非常後悔的。

妳很不安對吧？因為沒有人理解，所以很孤獨。但是，請與不安及孤獨好好相處，請溫柔地對夢想展露笑容，最重要的是對夢想誠實。

請不要將注意力放在「普通」二字之上。時代已經變了，有各種環境的人，今後的「普通」將更具多樣性，有各式各樣關於幸福的價值觀，只要妳幸福就好了。

妳不知道何時幸運會降臨，為了那個時刻，提升技術是非常重要的。妳是個好人，我想應該是不會有問題，請繼續當這樣的人。畢竟不管一個人有多會做事，大家還是不想跟討厭的人一起工作對吧？

說不定今年可能會罹患癌症，又或者是突然變得很有名而獲得配音的工作。如果是生病，那可就不太妙了。

一旦生病就失去工作的大有人在，這就是現實。但如果有個即使生病也不會失去的夢想或目標，那麼即使身體患病，心靈也仍是健康的。

我很期待有一天能夠看見妳配音的作品。

胖虎很討厭，但胖虎的媽媽更令人討厭

Q 我以前就曾經請幡野先生回答過我的問題。

我的女兒由於受到霸凌而痛苦到想死，為此我辭掉工作待在她身邊，她就不再開口說些想死之類的話。原先已經不想去學校了，之後雖然有個別輔導，但總算是去了學校。

當時真的非常謝謝您回答了我的問題。雖然學校裡的問題還是堆積如山，但為了能夠讓那孩子生活正常，我今後也會努力給予她你建議的提示。

不過……學校的霸凌問題還是和以前一樣。身為一個家長，您認為應該要怎麼樣才能夠改善呢？

就算請老師們去輔導一下霸凌別人的孩子，不知他們是否因為覺得麻煩，總是轉移話題。

或者他們就希望我們身為被害者，必須忍耐下來呢？

A 我還沒有回答的問題大概有一千件，不過一年回答的大概也是一千件。雖然只是因為身為病人挺閒的，所以我就隨興回答，但偶爾還是會有一些致謝或者告訴我後續發展的訊息，甚至有人遠道前來我的攝影展會場。

如果陪人討論其煩惱就能夠對他有所幫助的話，不知道閻羅王能不能酌量減免一些我的罪過呢？我偷偷地這麼期待著。

如果初次見面的人忽然就說「我以前曾經請幡野先生回答過我的煩惱」，我會心想對方是否因為我信口開河說了什麼而要來尋仇，而立刻把我那肥胖的肚子給收緊，擺出回應的陣仗。

這次來諮詢的人，是以前曾在推特上找我商量事情的人，內容雖然印象有點模糊但隱約記得，我原本想確認一下先前推特的內容所以努力滑了一下，但Wi-Fi訊號很弱所以就放棄了。

我記得這位母親有正職工作，而且事業頗有進展。念國中的女兒由於遭到霸凌而煩惱到想死，因此找母親商量。母親說她很煩惱是否應該為了女兒辭去工作，所以找我討論了這件事情。

問題我大概還記得，但我完全不記得自己回答了些什麼，真抱歉。「應該要辭掉工作，女兒會敞開心胸告訴母親霸凌的事情，就是她非常相信母親的證據。」

我想應該是類似這樣的回答吧。因為我想，就算找其他人商量這件事情，應該也會得到一樣的回答才是。

您真的辭掉工作了，真的了不起。我希望讀這篇文章的人不要有所誤解，這位母親並不是單純因為我的回答，就辭去了自己的工作。從女兒找她商量霸凌的事情之時，她內心應該就有了「辭掉工作保護女兒」的念頭。

只是，找其他人商量這件事情的時候，母親的回答卻總是遭到別人隨意的否定。他們會說「妳太寵她了」，或者說「小孩子吵架，不應該家長出頭的」「這樣妳的事業太可惜了」之類的。這是因為有一些人自己從前沒能受到父母保護，因而希望能夠多一些與自己境遇相同的孩子，所以才會扯這位母親的後腿。

自己的回答和周遭不合的時候，人就會覺得很不安而非常煩惱。原因可能是對於自己的答案沒有自信，不過又有多少人對於無法預料之事的回答抱有自信呢？

如果來商量事情的人已經找到答案了，卻又否定他的想法，那就只會增加對方的煩惱，讓對方感到痛苦。如果對方內心已經有答案了，那麼只要推他一把，就算原先感到煩惱、沒有自信，也能夠提起勇氣做出行動。

我看過許多來商量煩惱的問題，感受到這個社會能夠推人一把的人並不多。畢竟若是親子之間或者是距離較為親密之人能夠好好的推當事者一把，就不用特地來找像我這樣死期將近的人來商量自己的人生了。

很遺憾的，我認為越是親子或者關係較為親密之人，反而越容易否定彼此。但是我卻感受到，找我商量的這位母親與她的女兒之間，並不是互相否定的關係，而是能夠互相支持對方的關係。

孩子要向父母告白自己被霸凌之事，是非常需要勇氣的。父母為了保護孩子，辭掉好不容易做起來的事業，也是非常需要勇氣。這是非常厲害的，這個世界上有多少人能夠做到這些事情？

我認為女兒非常信賴能夠保護自己的母親，她應該完全不相信學校的老師吧？因為老師並沒有做出能夠博得學生信賴的行為。

非常遺憾，霸凌是不會消失的。就算是雞舍裡面的雞隻，也會欺凌其他雞隻到對方死去，沒有那種正義感很強、會阻止霸凌行為的溫柔雞隻。因為只要有一隻遭到欺負，其他雞就都不會有事。

人類也是一樣的。就算保護好原先被霸凌的受害者，也會出現新的受害者。只要升個年級，就會出現新的受害者。

以學校老師的角度來看，如果介入霸凌問題，就會讓工作量大增，有些情況甚至老師本人也成為被霸凌的對象。如果被霸凌的受害者能夠在老師看不見的地方被欺負、盡量忍耐、不要死掉的話，那就輕鬆多了。如果是正義感強烈的溫柔老師，那麼應該會馬上想要解決問題。

學校是為了什麼目的而存在的呢？在補習班學習英文和數學，還能學得比學校好。那種單純的讀書，補習班講師比較在行，因為補習班老師如果和學校老師教得一樣，是無法獲勝的。

在學校能夠學習的，是集體生活、社會性以及不合理的情況，老師在教導這些事情方面特別在行。

以我來說，我希望能夠有將零化為一那種具創造性的教育。要學校的老師去做補習班工作，也是贏不了補習班的老師們的。

您的女兒學到的是不合理而覺得想死，雖然我們長大成人以後才能夠明白，學校是非常狹窄的世界，而且不過是個路過處。對於大人來說只不過是經過了那裡，但對於孩子來說，那就是他現在的整個世界。

能讓女兒活得像自己，是出了學校以後的社會，那是非常寬廣的世界。能夠教導她世界有多麼寬廣的契機，我認為就是您自己，父母如果和學校老師做一樣的事情，也一樣不會比較好。

您說「能夠讓那孩子生活正常，我今後也會努力給予她你建議的提示」實在令人感到心安。我認為您和女兒都不會有問題的，看起來會一起成長，我認為這不是教育，而是共育。

我非常討厭《哆啦A夢》裡面的胖虎。他會將人打得滿地找牙，會搶走別人的東西，但到了電影裡卻忽然變成大好人，其實根本就是個家暴男。

我更討厭胖虎的媽媽。她不聽胖虎說的事情，硬是讓他做不想做的顧店工作，用暴力讓胖虎屈服，但她卻允許妹妹走上漫畫家的道路，胖虎會變成霸凌他人之人是有原因的。

就算必須理解，但不表示一切都得忍耐

Q

幡野先生您好，我有在看您的推特。

我非常喜歡您和兒子那種有著安心感的照片。

今天真是不好意思得讓您花時間回答我的問題。

但是我好痛苦，希望有人能聽我說說，卻又沒辦法告訴其他人，因此只好來找您商量這件事情。

我和先生（四十多歲）結婚已經大約十年，有兩個孩子（尚未就學）。

他是個從年輕時就會喝酒，也經常被灌酒的人。

他會用金融卡借款或者向其他人借，因為酒醉而在半夜吵醒家人。每次我對他發怒，他就會跟我約定「絕對不會再喝酒了，請原諒我」。之後大概會有幾個月沒問題，但他一定會打破這個約定，一直重覆這樣的行為。

不管過了多少次，只要他不守承諾我就覺得很悲傷。

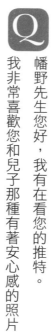

那種被人看輕、認為我反正就是會原諒他的感受也很討厭。

我有個酒精成癮的父親。

父親（幾乎）由於酒的關係被公司開除、也和母親吵架，所以在家裡分居。

但是父親發生問題的時候，我總是護著他。

我忍不住就會說出「酒精成癮是一種疾病，就算責罵他也沒有用」這種因為理解而提出的應對。

也許我只是「裝成」自己了解也不一定，但是每當先生喝了酒醉醺醺之後，我就會痛罵他，甚至用起暴力。

也許是因為我無法責罵父親，結果都轉嫁到先生身上。

在父親的事情之後，我總是忍不住痛恨那些酒醉的男性、電車上那些看似喝了酒的男性。

但這一定是我的問題。

喝酒本身並不是一件壞事，我自己也會喝。

但是對於說著自己沒喝，但實際上有喝酒，卻說謊的先生，看見他喝醉以後表現出與平常不同的態度，我實在是憤恨無比，恨到我覺得也許我哪天就會拿刀刺他。

・請先生禁酒。或者喝了酒之後就要住在飯店等，不要出現在我面前。
・用離婚拉開物理距離。
・想成他就像是釋迦身邊的提婆達多那樣的人，而加以珍惜。
我現在能夠想到的大概就是這樣，我想離婚大概是最輕鬆的決定吧？但是一旦離了就不能回頭，而且孩子們很喜歡先生。也許為了每年那幾個瞬間忍耐下去，一切就會沒事。
一直想著這些事情，我好痛苦。
聽了這件事情，幡野先生您認為如何呢？

（在先生身上報父仇的四十歲女性）

A 聽見酒精成癮這個詞，我腦中就浮現出一位男性。那位男性由於酒精而罹患肝硬化這種要命的疾病，即使如此，他在被醫院診斷出肝硬化之後，回家路上卻還是在便利商店買了罐裝雞尾酒來喝，就是這樣的人。老婆終於無法忍受而離婚，似乎帶著剛上小學的女兒離開了。
我大約是在一年前收到那位男性傳來的訊息。他正巧讀了我的部落格，因此下定決心為了見女兒，成功戒酒了五天左右。正常情況來說，五天不喝酒而已有什麼了不起的？大家可能會這樣覺得吧？但他卻特地告訴我這件事情。我想這表示酒精成癮的人要戒酒五天，真的是非常辛苦的事情吧？我並沒有毫無根據地輕鬆說出：「你一定能見到女兒的。」這種鼓勵的話，而是回他：「你辛苦了。」

結果他仍舊無法長時間戒酒，陷入了領救濟金的同時接受治療，然後再次又陷入喝酒而自我厭惡的惡性循環，實在不是什麼很好的情況。雖然我們只用訊息往來、未曾見面，但他有時會忽然把自己地位抬得很高，或是表示老婆非常壞等，還會一時興起就做出毫無計畫的行動，又會對著我撒嬌，因此我試著拉開了距離。

他的網路社群原先每天都有更新，但某天忽然就失去音訊，我想應該是已經過世了。是因為疾病、又或者喝醉發生意外、或者是自殺，我並不清楚。又說不定是與警察發生爭執，結果被強制住院也不一定。

確實他是罹患酒精成癮症，但我感受到應該是他本人的性格也有問題，所以老婆才會選擇離婚。

我可以理解大家說「成癮症需要周遭的理解」，但是有很多無法忍受的人。所謂周遭之人，只是剛好在這些位置上，**強迫無法忍耐的人要忍耐，我認為是錯誤的。**

也許我這樣說很冷淡，但是對於精神有問題的人來說，到頭來如果沒有用淡漠的態度往來，反而會造成自己被拖下水。也許我也對他的孤獨增添了負擔，但我該守護的並不是他的人生，而是我自己的人生。

我並非酒精成癮的專業醫師，只是個將死之人。畢竟沒一起喝過酒，所以也不知道妳先生在喝醉以後會有什麼樣的問題。

不管是信用卡借款還是向朋友借錢，如果知道用在哪裡，那也沒什麼好說的。是因為喝醉而借了一百萬拿去賭一次決勝三十倍單選二號那匹叫做「我愛啤酒」的馬贏；還是因為手邊的錢不夠，所以借了一萬元去搭計程車或者住飯店，兩者借款的情況可是大不相同。

如果是每年喝幾次，一般來說那算是很少的。幾個月喝一次酒，一般來說會認為你的先生是不喝酒的人。我想最好的方法，應該是請他喝了酒以後就住在飯店吧，這樣他一定也能夠輕鬆地喝酒。

不過就近看著先生的人是妳。如果妳覺得他喝酒已經超過一般常人能接受的情況，又或者是那種一旦喝醉就會與人起糾紛的人，那我建議你們應該先接受諮詢。

接受諮詢的不只是先生，妳也需要。妳很憎恨喝醉酒的人對吧？而那種人竟然是自己的先生，就更加無法忍受。但因為這樣就把他罵得狗血淋頭、施加暴力的話就不對了。

請將男女的立場倒過來想一想。如果有個男性把一年才喝幾次酒而醉醺醺回到家的女性大罵一頓，並施予暴力，妳認為如何？恨到也許哪天會拿刀刺他是很不尋常的，這完全是家庭內的暴力。

妳自己似乎也有注意到，將酒精成癮的父親與先生重疊在一起了。原先對於那酒精成癮父親的怨恨，都發洩在先生的身上實在太過自私了。

雖然妳說「那種被人看輕、認為我反正就是會原諒他的感受也很討厭」，但妳自己的暴力也是看輕先生的行為。我想妳應該還不至於對著電車上的酒醉之人施以暴力吧？當然做出那種事情的話，肯定會被逮捕，但是對他人做就會被逮捕的事情，也不能在家裡做啊。這不管是父母對子女、子女對父母、或者是夫妻之間，都可以說是虐待或者家庭內暴力。

妳先生會說自己沒喝酒的謊言，應該是因為討厭妳的暴力吧？如果妳一直用自己的先生來出氣，那麼應該是對方會向妳提出離婚。

如果是先生來找我商量妳的事情，我應該會建議他離婚。我想就算不是我，妳的先生應該也會被周遭的人告知相同的事情。如果我的老婆和妳做了一樣的事情，我一定會離婚的。

妳的小孩子很喜歡先生的話，請想想會對小孩子有什麼樣的影響。首先最重要的，就是妳要知道自己在做什麼，這就是一個開始。

不過，如果只要「我愛啤酒」出賽，他就去借一百萬的話，那我就能理解妳的心情了。這種先生可能死了還比較好，最好是被什麼野馬給一腳踢死就行了，不需要妳自己動手刺他。

如果妳讀了這篇文章還是確信自己沒有錯，那麼應該是離婚比較好。

我應該對癌症患者說些什麼呢？

Q

「加油」這句話，即使是在父親手術後我也說不出口。
因為他似乎一直非常努力忍耐著抗癌劑的痛苦，很辛苦的樣子。
但是，我還是不知道該對他說些什麼才好。
大概就只能盡量不要否定他說「我想〇〇」的願望而已……
我應該對他說些什麼呢……

（匿名　男性）

A

癌症患者最容易從健康之人處聽到的話語就是「加油」，然後因為這句加油而感到痛苦，因為早就已經加油加到都滿出來了，這就是癌症患者（注：日文中「加油」與「長滿癌」是近似音的雙關語）。

一旦被告知罹患癌症，有許多人都會陷入憂鬱狀態，甚至有人會真的罹患憂鬱症、或者陷入適應障礙，自殺的風險也比健康者高了二十四倍。

除了身體以外，癌症這種疾病還會破壞心靈的健康。對憂鬱症患者絕對不能說「加油」這件事情，社會上已經有普遍認知，而陷入憂鬱狀態的癌症患者其實也是一樣的情況。

「加油」這句話在不同場合下，可能會變成將他人逼入絕境的言辭。希望為對方加油打氣的人，想必也不希望看到這樣的狀況吧？這就像是扣子扣錯了洞。

會說出加油打氣話語的人，有些是無法感同身受，覺得患者沒有這麼嚴重，或是認為患者會回出積極的感謝話語，期待看到那種灑狗血劇情的人。因此我會拒絕他人為我加油，這樣一來對方就會感到失望，對於這些想幫我加油打氣的人來說，我就成了「令人感到生氣的患者」，甚至還有人會轉而丟出一些「你下地獄吧」「你就是這種人才會得癌症」之類彷彿詛咒般的話語。真令人驚訝，他們說話對象是癌症患者耶。

當然也有患者會受到加油打氣的話語鼓勵而獲得勇氣。不過，這就像有些人沒辦法吃超辣的食物，卻也有人非常喜愛。如果你請朋友到家中大展身手做料理，會做有人愛但也有人恨的超辣料理嗎？如果聚餐的主辦人因為自己非常喜歡超辣料理，就挑了一間超辣料理店，然後參加費用是日幣八千元，大家作何感想？

我個人是絕對不會做超辣料理的，如果是超辣料理的聚餐，第二天一定會在廁所後悔萬分，所以也不會參加，畢竟肛門的刺痛感實在是有夠要命。

為什麼會拿大多數人都不擅長應付的東西來舉例呢？這是由於我見過許多癌症患者、聽過各式各樣的經驗、還有每天傳給我的各種訊息、罹患過疾病之人以及醫療人員的書籍或部落格等，看過這些東西以後，馬上就能明白其實大多數患者都對於「加油」這句話感到非常痛苦。

醫療從事人員就不會說「加油」。我想這是因為他們學習過、訓練過，同時也聆聽了患者的心聲。也就是說，這是他們的常識。

也有些人認為激勵他人是正確的，而不加以懷疑。雖然這也是我罹患癌症以後才知道的事情，因此不能一副很了不起的說教，但畢竟是像我這樣的癌症患者告訴大家的事情，希望至少十年後社會上能對這件事情有所認知，只要能稍微減少一些懷抱不必要壓力的人就好了。

最重要的，就是希望健康之人能夠把這件事情當成常識。日本人平均兩個人當中就有一個會罹癌，就算現在是健康的，也可能會成為癌症患者。即使沒有，也可能成為要照顧罹癌者的家人，為了那個時候，最好還是先知道這件事情。

如果你已經對患者說過「加油」，覺得自己遭到否定，但因為你原先並不知道這件事情，所以也沒辦法。人生漫漫，可能還有機會再遇見癌症患者，下次記得就好。

當我在想這件事情的時候，就收到了來信詢問「應該要說些什麼才對呢？」的問題。

這樣說或許有些嚴厲，不過諮詢者，這你必須自己思考。

我能理解你想知道答案或是正確的方法，因為你不想失敗吧？我想你也明白，一旦失敗了會傷害到父親，自己也會感到後悔。

只好想想父親喜歡什麼樣的料理呢？父親健康時是什麼樣的人？應該有那種只有你才知道的事情。如果思考之後卻不明白，那麼你這星期就和父親談談吧。

我不知道您父親是什麼樣的症狀，不過罹患癌症並不會馬上就死去。去問問你父親想要做什麼、想過什麼樣的生活。

隨口對癌症患者說些什麼，風險真的很高。因此別想著要說什麼，而應該聆聽患者的聲音，這是因為患者希望有人聽他們說。

同時不要否定，請在盡可能的範圍內幫助他們想做的事情。被否定真的會很痛苦，如果連想做的事情、生存意義都被剝奪的話，那還不如死了好。

我認為患者與家人之間的理想關係，就是兩人三腳同時往目的地前進。但由於目的地常會不同，因此非常困難。如果不知道彼此的目的地，又或者是根本方向不同，那麼就無法以兩人三腳前進。

就算兩人三腳非常困難，最後也只能盡可能以貼近患者目的地的方式前進，類似陪跑者或者導航之類的存在或許也不錯。

有人會說「無論是什麼樣的結果，家人都會感到後悔」。確實每當我見到遺族，大家都很後悔。

那些無法讓患者做自己想做事情的人，與其說他們後悔，不如說他們受到了罪惡感的苛責，認為是自己使患者感到痛苦。若是由於自己的判斷而使當事者接受其實並不想接受的延命治療，這些家人則抱持著一種既非後悔也不是罪惡感的異樣痛苦。這些與沒能兩人三腳讓患者做自己想做事情的人，後悔的情況是完全不同的。

非常遺憾，雖然患者就此身故，但家人還要活下去。為了讓家人在悲傷中能活得輕鬆一些，必須要思考該怎麼做才好。

也許我說得嚴厲了一些，但我感受到你有自己在思考，試圖以兩人三腳的方式與父親一起前進，而且也能做陪跑者的工作。是兩人三腳比較好，還是應該當個陪跑者，我想你也應該能依照父親的期望來選擇。雖然你的來信很短，但我如此確信，覺得有種不會有問題的安心感。

你無法說出「加油」，而且只能做到不否定（父親的事情）對吧？雖然你說的非常謙虛，但你並非從事醫療相關工作卻能做到這些，是非常了不起的，幾乎讓人想向你請教是怎麼辦到的呢！

要提我自己的事情實在有點不好意思，不過我受到親戚話語傷得很深。匿名的網路中傷或者惡意留言之類根本沒什麼，反而是那種貌似充滿正義感及善意，其實只不過剛好有血源關係而年齡較我年長的親戚話語，還比較毫無顧忌而令我感到麻煩。

父親那邊的叔父說什麼「比父母早死可是不孝，給我好好治療」。說著不可能的要求，還提到我已經過世的父親，實在令我大感傷心。

老婆那邊的伯母則對於我想做的事情，總在我面前抱起我那還不滿兩歲的兒子，說什麼「把拔不要做那種事情嘛，跟我在一起嘛」彷彿是我兒子在說話。

兒子並不知道自己被拿來做什麼事情，只會對著我笑咪咪的，而我卻忍不住對兒子露出一臉悲傷，然後覺得自己是不是害兒子很難過，消沉了好一陣子。

雖然我把叔父稱為靈媒，把老婆的伯母稱為腹語師，但說老實話，最好到我死都不要再見到他們。

在讀你的來信之時，我最先感受到的事情，就是真的好想要有你這種親戚，想到腦袋都要炸了。雖然腦袋真的炸了就得緊急開刀了，不過我是想說，我真的非常羨慕你的父親。

雖然我有個不否定自己，會在背後推我一把的老婆，但也很羨慕能夠有你這種兒子的父親。

雖然年齡差非常多，但我不小心把你和自己的兒子重疊在一起，有點想哭。

也許你沒有自信或者感到不安，但如果現在不好好面對父親，很可能你以後也沒辦法過得非常輕鬆，你父親也不希望這樣的。

你和父親扣錯的扣子，只要撥一下就能調好。

那不是妳女兒做壞事，是妳做的壞事

Q 我是單親家庭。女兒現在行為越來越不良，也不去學校了，令我非常困擾。她三月四日就高中畢業了，但從去年夏天開始就沒有去學校。

她利用推特尋找男人交往。

已經進過警局兩次，但看來並沒有想反省的樣子。

她才十六歲，就已經與男人發生關係。

也有人會給她錢，她拿了我和祖母的錢就跑了。

就算警察來過好幾次警告她，也還是這樣，她根本不怕任何人。

明明覺得她應該身上沒有錢啊？卻在便利商店買了一大堆東西回家。

在娃娃機店抓到的玩偶？她自己應該沒辦法抓到吧？

拿到了專科學校的入學資格，但是要去還是不去，也不說清楚。

她在哪裡做什麼？我根本不曉得。

學校老師也因為反正快畢業了，就什麼都不做。
我和祖母每天都在等她回家。
她有時候不會回來，我也好幾次去報案失蹤。
她說我很髒、不要靠近她，就推開了我。
我應該怎麼幫她呢？
她在中學時曾遇上三十八個人霸凌她一人，是發生過不少事情，但……從國中到高二，我也都有送她上下學。
是不是我太寵她了呢？是不是太晚了……

（S　五十三歲的女性）

A 妳真是令人討厭，不，甚至可以說是最討厭妳了。不想看見妳的臉、也不想跟妳呼吸一樣的空氣、完全不想聽見妳的聲音、最好不要進入我的眼簾。

女兒是不是恨妳到這種程度了？

我不知道她是因為什麼事情而如此討厭妳，但我想妳應該也不知道吧？

但是，妳女兒肯定有討厭妳的理由或者是什麼事情。也許妳不記得了，但肯定是因為妳的言行舉止吧。過去那讓她討厭妳的事情、以及現在討厭的心情，層層疊疊彷彿千層派一樣越堆越高。

也許妳覺得自己是受害人，女兒則是加害者，但其實是完全相反。在不久前妳是那個加害者，而女兒才是被害人。因為過去妳的言行舉止傷害了女兒，女兒在還小的時候，身體上無法贏過身為媽媽的妳，但她已經十八歲了，立場已經反過來了。

妳贏面比較大的地方，就只有在經濟上而已。話雖如此，若是想用錢來一決勝負，那麼這個關係就會打上休止符。最好不要說出「妳以為是誰出的錢」或者「妳給我滾出去」之類的話。確實這樣妳會獲得短暫的勝利，但是經濟方面終有一天她也會不再需要依賴妳。

現在她要在經濟上贏過妳，也許方法就只有偷竊、賣春或者依靠其他男性。就算是只有表面上，又或者一種欺瞞，至少男性會對她很溫柔。即使如此，妳女兒還是想獲得他人的溫柔對待，因為她以前並沒有感受到。

妳是不是為了限制女兒的行動，而用金錢束縛她？現在若是她在路上撿到錢包，我想肯定就會據為己有。

如果妳不希望她做這種事情，那麼就應該給她常識範圍內的金錢，或者是指導她打工賺取金錢才對。妳應該告訴她，如何不必從事非法行為，也能生存下去的方式。

雖然有養兒防老這種說法，但那比較像是一直付錢的人，在年老後可以拿到的退休金之類的感覺。雖然這個社會很容易誤以為孩子重視父母親、感謝父母親是一種常識，但那必須是能夠重視孩子、感謝孩子的父母才能夠享受的事情。

對於根本不重視自己的人，為什麼我要重視他？重視員工的企業當中，員工會很喜歡公司，因此能夠開心工作。妳女兒那句「妳很髒、不要靠近我」說明了一切。

她應該是不想跟討厭的人說話，甚至不想待在同一個空間當中吧？會三更半夜才回家，是因為盡可能不想跟妳在一起。

既然女兒是如此討厭妳，那麼妳怎麼會知道她十六歲就已經與男性發生關係，又怎麼會知道她透過推特找男人呢？就算是普通的家庭裡，看個連續劇有接吻畫面大家都會尷尬一陣了，這種話題想必不可能是親子關係不佳的母女之間會談論的事情吧？

我想應該也不是母女去咖啡廳約會，女兒開心告訴妳說自己有男朋友了；也不會是兩個人一起滑推特，然後她找妳商量「媽媽，妳覺得這個人怎麼樣？」對吧？

這是我自己的想像，但妳是不是像逼問犯人一樣強迫她把手機拿給妳看？也許妳覺得只要限制她不能用推特就好，但那樣是無法從根本解決事情的。妳女兒需要的是不必從母親那裡偷錢的好環境，不需要深夜才回家的好環境，也不需要用賣春來換取男性虛情假意溫柔的好環境。

居然懷疑十八歲女兒拿的玩偶，在我看來這樣的父母親才叫不良。就像妳懷疑女兒一樣，女兒也會懷疑妳。

親子關係是一種累積，妳累積出來的結果就是現在這樣的女兒。孩子長大以後對於父母親的態度，就是父母親從前對孩子的態度。

如果妳希望女兒改變，那麼妳自己必須先改變。

幸福的價值，人活著的理由

Q 我是一個四十一歲的女人。

我和一個二十一歲的男孩子交往三年了。

越是喜歡他，和他交往得越久，我就覺得自己是不是會破壞他的人生而感到很痛苦。

話雖如此，但我很狡猾，因為喜歡，所以沒辦法選擇自己退出。

雖然我對於他總有一天會離開我這件事情已經有所覺悟，但在那之前我真的可以這樣和他在一起嗎？或者應該想想他的幸福、想想他的爸媽，現在馬上退出呢？

真抱歉我寫的沒頭沒腦。

（匿名　四十一歲的女性）

A

最近我經常思考生存理由。人類明明總有一天要死，為什麼會活著呢？在我罹患疾病以後，經常在思考這個問題。

會有人告訴我：「為了留下子孫而活。」這種生物學方面的答案。

「你有孩子不就好了嗎？就為了孩子活下去啊！」這聽起來像是一種激勵，但若問我是否因為已經生了孩子就能夠開心死去？我畢竟不是鮭魚，當然也就不是這麼一回事。

而且要再生第二個孩子……目前也變得非常困難，因此答案越是偏向生物學，就會更加覺得否定了自己的存在價值，總覺得這樣反而遠離了生存理由。

我剛才在網路上搜尋了一下，鮭魚似乎會產下三千個左右的卵，鮭魚卵能夠孵化長大並且產卵的，只有那個數字的百分之幾而已。

接下來就不是網路能告訴我的，而是我自己的想法。不管是鮭魚卵還是鮭魚本身，都會成為其他魚類或者動物的餌食，被人類做成丼飯、軍艦壽司或者香煎魚排，也可能被當成釣魚用的餌。

但如果每年的三千個鮭魚卵都成長為鮭魚的話，那麼被鮭魚食用的動物就會數量爆減、而食用鮭魚的動物則會大量增加，對吧？平安產卵以後，鮭魚就會精疲力盡而死，而牠們死亡便是為了鮭魚卵……這真是不可思議。

為什麼我會提鮭魚的話題呢？這是因為剛才兒子正在吃鮭魚卵口味的軍艦壽司。也就是我的兒子吃下鮭魚的孩子而成長，生物學方面的解答非常純粹、合理且殘酷，但也許是正確的。

我是攝影師，所以生物學方面的話題得要拜託 Google 才能明白，但我最近終於弄懂生存理由。畢竟是我最近才了解的，當然也是我自己的答案，一年後若是吃了羊肉口味的蒙古烤肉，說不定答案也會有所變化。或許這並不是最後的解答，而是在抵達終點以前會出現的許多檢查站之一。

妳明知道他終有一天會離開，為何還與他交往呢？雖然狀況不太一樣，但我還是覺得自己與妳有一點相似。方便的話，就參考一下我的答案吧！

我認為，每個人是為了要享受各自的幸福而活著的。這當然是很自私的事情，但我認為自己的兒子與老婆，都是為了讓我幸福而存在的。

因為，會讓自己不幸的人、會讓自己感到討厭的人，你根本不會和他們往來嘛。我希望兒子、老婆、朋友，還有我周遭所有的人都能夠幸福。

我祈禱大家能幸福，也希望能為他們的幸福幫上忙。當然不能像鮭魚那樣將力氣消耗殆盡，至少是不要死掉的程度。

對於那些在網路上誹謗中傷他人就覺得開心的人來說，誹謗中傷的對象能讓自己感到幸福。我想那種人在誹謗中傷他人的時候，一定也是帶著笑容吧？就像是我和兒子一起吃著鮭魚卵時的那種笑容。

幸福是會帶來笑容的。希望某些人感到幸福，是那個人的幸福；讓他人感到不幸，也是那些人自己的幸福。所謂幸福的價值觀，很殘酷的也是因人而異。

最重要的，就是要和那些幸福價值觀與自己不同的人拉開距離。家暴、虐待、騷擾、在黑心企業工作等，我認為原因就在於**幸福的價值觀不一致，但並不需要成為幸福價值觀的被害者**。

我想妳是真的很喜歡他。因為妳喜歡他，所以他喜歡妳，而妳又繼續喜歡他。這是一種幸福的價值觀相同時發生的良好循環。當妳和他約會的時候，一定兩個人臉上都掛著笑容吧？你們會對彼此展露笑容。

但妳卻在意四十一歲與二十一歲的年齡差距，擔心會破壞他的人生。這就是我覺得自己與妳相似的地方，因為我也感受到，自己罹患了疾病，就破壞了老婆和孩子的人生。

在我生了病以後，我告訴老婆，她跟我離婚也是一種辦法。告訴她這是一種辦法，就表示還是想要在一起，我很狡猾對吧？

我不自己選擇退出，卻把事情推給了老婆，所以我非常痛切地能夠理解妳的心情。

但是，這裡有個非常大的問題點存在。也就是幸福的價值觀因人而異，就表示是由那個人自己決定的。他有他自己的價值觀，而且這是他自己決定的。

也許妳很在意年齡，又或者是小孩子的事情，就連他在社會上的風評都很在意，但他說不定根本就不在乎，又或者其實他也非常苦惱。

事情究竟如何妳也不知道對吧？所以只能和他談談了啊。

我為了探詢老婆幸福的價值觀，而和她談了好幾次。如果幸福的價值觀不同的話，我想應該已經離婚了。

我不希望老婆成為我的幸福觀之下的受害者，但我自己也不想成為她的幸福觀的受害者。所以就算是現在，如果老婆說想離婚的話我也會順勢應對，如果她想與別人再婚的話，我也希望能夠幫上她的忙。

我想，與其說這是一種覺悟，更像是與妳的情況相似。我才不會希望討厭的人幸福呢，所以幸福對於人類來說，就像是一種酸鹼試紙一樣的東西。

能夠希望喜歡的人幸福，而那個喜歡的人也希望自己幸福，我想這就是幸福吧。

在妳煩惱的選項當中，加一個結婚進去，是否也不錯？

8-20
8-20
8-20

父母無法為孩子的人生負責，出借力量就好

Q 我想與您商量孩子將來的職業，請多多指教。
我在孩子三歲的時候罹患了風濕。

雖然有持續就醫，但受到副作用影響，我只能服用藥效較弱的藥物，由於骨骼變形的疼痛與怠惰，幾乎整天都躺在床上。而且又與先生離婚了，就成了只有我和孩子的單親家庭。

我現在靠父母的遺產過活，但沒有什麼能夠留給孩子的。目前還不清楚風濕這種疾病的原因，但多少與遺傳有些關係，因此我很擔心體質和我相似的孩子，將來也會罹患風濕。

孩子目前雖然還是小學生，但他有著某個以手指創作的興趣，他的閒暇時間幾乎都耗費在那個興趣上，技巧也非常高明。

雖然他說想將那個興趣作為自己的工作，但是若發病了，靠手謀生將會非常

嚴苛，我認為不可能繼續下去。

他的家人就只有我，所以我非常非常擔心他將來是否能夠一個人活下去。

因此，我認為他應該將興趣繼續當成興趣，拿到就算發病也能夠繼續工作的證照，去做辦公室的工作會比較好。

我不知道他將來會不會發病，也不希望自己對孩子的人生說三道四，但又不希望他步上自己的後塵。

希望能夠聽聽您的意見。

（疼痛　四十五歲的女性）

A

當我知道自己生病的時候，兒子才一歲，所以我非常擔心他的將來。一旦擔心將來，就會忍不住思考起錢的事情。

一想到是不是該盡可能多留些錢給兒子，就想到如果進到山裡假裝打獵時發生意外，用散彈槍自殺的話，那麼我所保的保險就會有日幣三千萬，還有其他生命保險也會有錢進帳。

這樣還能夠減少治療費的支出，自己也能夠從疼痛與辛勞中解脫，並不只是用不良手段取得錢財而已。只要一旦過於擔心，就會想一些非常誇張的手段。

但我發現，兒子真正需要的並不是錢。在老婆娘家那兒發生的事情，對我有很大的影響。

老婆娘家持有的土地上有三棟房子，除了她家以外，另外兩間都住著親戚。老婆先前從未有過手頭困難的情況，也不曾擔心過錢的問題，所以我想她家頗有資產。岳父已經過世了，而岳母一直都是家庭主婦，靠著遺產和遺族年金生活。

娘家有一位和我年紀差不多的大哥，大概四年前他開始在零售業工作，不過他二十來歲那十年都是在家遊手好閒。

娘家雖然用錢並無困難，但是有人賦閒在家就挺麻煩的。畢竟還是在意世間目光，因此岳母一直有讓大哥念通訊教育大學的教育學程。在母親眼中是希望兒子能當個老師，但其實他根本沒有好好念書，也沒有去實習，當然也沒拿到教師執照。

為了避免母親擔心自己，因此大哥在那十年內，岳母一直用錢維持著他大學生的身分，就這樣失去了青春時光。若是過於擔心，就會採取誇張的手段。大哥要是把十年的時間和金錢花費在他真正想做的事情上，人生應該會完全不同吧？

我認為只有錢的話，是沒有意義的。對於孩子來說，他真正需要的東西，無法從學校老師、同年的朋友身上學習，而是一些話語，讓他能夠在迷途的時候就像地圖一樣指引他。

我想用獵槍自殺、岳母購買大學生身分，都是由於過分的擔心，而擔心到頭來其實是想讓自己安心，是一種利己的東西，看起來像是為對方思考，其實並沒有。當然錢還是需要的，但那只是因為有一個會需要用到錢的目的。如果沒有目的，卻擁有大量不必要的金錢，那麼就只是轉移自己的不安而已，沒有任何意義，就像是在沒有插花的花瓶當中裝滿了水一樣。

我非常了解妳擔心單親還有自己疾病問題的心情。我的孩子將來也會成為單親家庭的孩子，因為我很年輕就罹患疾病，因此也會擔心著未來。

但是，人類要一直保持健康實在非常困難，就算年輕也還是會生病，但也有人一把年紀卻很健康，沒有人能夠得知疾病降臨的時機。

對那不知何時可能會罹患的疾病感受到不安，用這種方式來決定占了人生大部分時間的工作，我認為不是一件好事。而且那還不是妳自己的人生，是妳的孩子的人生啊，這樣實在太沒道理了。

如果有發病也能夠做的辦公室工作，那麼身為母親的妳，就應該要示範給孩子看。妳自己都辦不到的事情，卻要叫孩子去做，在孩子眼裡會是怎麼看的呢？連我都不禁覺得這母親實在是強詞奪理又沒有說服力。

我想就算我二十四歲的時候就知道自己三十四歲會發病，也還是會追逐自己成為攝影師的夢想吧。

妳也是因為過於擔心，而想要採取誇張的手段。但那只是妳想要讓自己安心，我認為這樣並不是在考量孩子的人生幸福。

現在這個時代，不管上了哪間大學，或者進了哪間公司，都不能保證可以安穩過生活。妳的孩子是在下一個時代當中活躍的重要存在。

用父母親生活的時代來考量，對孩子說三道四的話，妳的孩子就會在這個時代懷抱這生存困難的想法。如果是活在古早時代的人，用他們的想法來反駁妳現在的生存方式，妳也會覺得討厭吧？

父母親沒有辦法對孩子的人生負責，只能讓孩子自立。

父母為了孩子自立的基礎，出借自己的力量就可以了，我是這麼認為的。而對於自立的基礎來說，父母的言行舉止是非常重要的。

能夠讓孩子的興趣，從自信提升為才能的，不是老師、朋友或者補習班講師，而是妳的話語。

在年紀尚輕的時候就找到自己的夢想是一件好事，真的令人羨慕、非常棒的事情。因為從二十幾歲或者三十幾歲才開始追逐夢想、與十幾歲就朝著目標前進，能夠花費的時間是完全不同的，當然年輕一點比較有利。

這樣一來也會比較早面臨障礙，但是可以慢慢花時間越過，如果真的無法越過那個關卡，那也會有尋找其他工作的時間。

放棄夢想或者轉換跑道這種事情，也並非壞事。當然判斷以及看清條件等，都是要由您孩子自己決定的。

錢只要孩子能過得去就行了，總是會有辦法的。妳不也沒有工作，但還能過得去嗎？這才是妳能教導他的重要事情。比起妳沒有做過的辦公室工作，又或者是妳自己也沒有的證照之類的，都還要來得有說服力。

因為錢而感到非常不安就逼小孩子放棄夢想，是非常簡單的事情。就算孩子有才能的種子，一旦妳澆上了不安的水，一樣會開出不安的花朵。既然如此還是幫他澆一澆安心的水吧！這樣一來應該會開出漂亮的花朵。

否定某個人，也會縮減自己的可能性

Q 您好，我是個二十七歲的單親母親。

我和前夫是兩個人共同決定生下孩子並一起養育，但由於他對我家暴，所以我離婚已經五年了。

這五年來我希望他身為孩子的父親，能夠為孩子做些什麼，但什麼也沒有得到。

而在此時，我知道他已經交了女朋友，並且打算要結婚。

他新的家庭有兩個孩子，明明能對其他孩子好，卻不為我的孩子做些什麼，我的心情非常複雜，一想到等孩子長大以後，他知道了這件事情該怎麼辦，就讓我非常裹足不前。

（二十七歲的女性）

A 我和老婆是在大地震那年，她生日當天登記結婚的，因此我們結婚至今已經八年了。

為什麼會選在老婆生日那天呢？是為了不要忘記究竟是哪一天登記的。萬一……不，就說有十分之一的機率，若是我忘了老婆的生日或是結婚紀念日，這樣和大地震連結，可以成為我的鬧鐘。

結婚典禮是選在其他日子，不過究竟是幾月幾日，我在第二年就忘掉了。我現在就連到底是哪一年舉辦的都不記得了，所以我盡可能把紀念日都重疊在一起，這樣可以降低夫婦吵架的風險。

即使如此，我還是每年都會思考一次離婚的問題。原因五花八門，即使是孩子出生了，或者是我生病了以後都一樣。

我結婚的時候調查了一下，日本人夫婦似乎是一百對結婚的人當中，會有四十對離婚。那麼若問剩下的六十對都幸福美滿嗎？當然也不是。應該也會有因為在意世間目光、經濟上的理由，或者是為了孩子等等，而「忍耐著不離婚的夫妻」。

夫妻幸福圓滿的家庭，我想大概只有極少數吧。

我常在女孩子喜歡去的那種時髦咖啡廳當中，打開 MacBook 寫稿子。其實我是個一旦被干擾，火氣就很容易上來的病人，但是看到熱烈討論著老公缺點的三十幾歲的太太們，或是抱怨著孩子五十幾歲的主婦們，又或者炫耀著自己男友或喜歡對象的十幾二十歲的女孩子們，雖然相當吵鬧，但實在非常有趣。

如果生下小孩、養育他們長大，勢必也會變成這樣吧？老婆成為母親以後，優先順序就會從先生轉移到孩子們身上。

先生由於也成為了父親，因此也應該要把優先順序先給孩子才對，但是因為工作的關係，往往沒辦法這麼做；還有那種無法明瞭老婆已經成為母親，她將重心從自己轉移到孩子身上而感到不悅，反而變得跟小孩一樣無理取鬧。

男女朋友之間的關係、有孩子前的夫妻關係、成為父母之間的關係，都是不一樣的。如果沒辦法好好地兩邊一起升級，那就不會有什麼好結果了。更何況還有很多的雙薪家庭更是如此，如果沒有隨著時代與環境隨之臨機應變的話，關係將會非常困難維持。

只有先生需要去上班，下班時看見孩子拿著雨傘在車站等著；全家人一起吃晚餐，並且會和孩子一起洗澡；住在有庭院的獨棟房子、養了貓咪、隔壁甚至住著文豪，這種家庭少之又少，甚至怎麼可能會有啊。

妳的前夫雖不是喜歡小孩，但也不是討厭小孩，我說真的。我想，他可能只能理解家裡有小小的人類，就這樣而已吧。雖然他從男朋友成為了先生，卻沒辦法成為父親。

那麼為何他無法對自己的孩子展現出父親的面貌，卻能夠對新女友的孩子表現出父親的一面，我想那是因為他討厭妳啊！因為不喜歡妳，所以也不喜歡孩子。

我想他可能是那種恨屋及烏的人吧？而且可能認為可以對於在自己控制之下的人做任何事情。

我兒子只要心情不好就會打我老婆，這種時候我就會斥責他，但是絕對不使用暴力、也不會怒吼。為了要讓孩子不使用暴力，父母反而使用暴力的話，就沒有意義了。

兒子因為無法以暴力來處理自己的心情不佳，就會用情緒化的哭泣來紓解。我絕對不會對他說「哭什麼哭！」而是讓他哭個痛快。老婆會好好安慰他，這樣的話，他沒多久就會停下來。

看著兒子越來越不會因為心情不好就仰賴暴力，我就感受到，不對女性使用暴力這點，應該是要用教育的吧。

因此，妳能果斷和他分手是正確的，否則沒多久之後會連孩子都承受到暴力對待。對於力量較弱的人會採取什麼樣的態度，通常都會表現出那個人的個性。

他因為現在喜歡考慮要再婚的新女友，所以才會喜歡她的孩子。他只不過是想要上床、想滿足自己的慾望而已，幾年以後應該又會重蹈覆轍吧？

但即使如此，妳還是不應該否定前夫要再婚的事情，當然這是有點複雜啦。我能夠保證的事情就是，**一旦否定些什麼，也會讓自己的可能性變得更狹隘**。

不管是想向別人述說妳否定前夫的再婚，又或者是只是自己心裡這麼想，只要妳是有這些念頭，那麼當妳有再婚的機會時，妳也會否定自己的再婚。

畢竟妳才二十七歲，還有很多可能性啊！我認為結婚是很棒的事情，再婚也一樣很棒的，離婚也不是什麼壞事。畢竟現在離婚率高達四〇％，已經很普遍了。順帶一提，日本的非正職雇用率也是四〇％。

結了婚的人否定離婚，如果因而成為一對感情甚佳的伴侶也就罷了，但是「由於被所謂世間的目光，以及自我否定而無法離婚的人」，則是縮減了自己的可能性而只是讓自己痛苦，對吧？

我想，妳不需要特地告訴孩子關於父親那些會讓他受到打擊、覺得很難活下去的事情。這樣會影響孩子的人生觀和婚姻觀。從母親嘴裡聽見父親的壞話，對於孩子來說也會造成心理上的負擔。

妳也曾經喜歡過自己的前夫，所以才會和他結婚吧？對孩子來說那畢竟是他的父親，妳也不需要說謊，大概只能說些他的優點。

對妳來說是真的很複雜，我想有些事情妳是無法接受的，不過人生大概就是如此。

人不能選擇母親，但可以選自己的神明

Q 我沒有辦法接受他人的「好意」。

主要原因我想是我自己與母親之間的關係造成的。我的母親非常虔誠信仰著某個新興宗教，也很容易見到她有精神不穩定的一面。

我從小就被和外界隔離養育長大，遠離電視、朋友等宗教以外的世界。母親一旦知道我交到朋友，就會把朋友找到家裡來，仔仔細細交代我所有大小缺點；又或者是以「傳教」的名義硬是跑到朋友家裡去，她總是在做這些事情。

她給我的解釋是「不想讓妳接觸到外界」。

母親非常厭惡我在不屬於她理想的事情上努力，像是在學校等宗教領域以外的地方有所成就獲得褒獎。如果我把學校裡人家稱讚我的畫帶回家，大多都會在我眼前被撕碎；當我在寫讀書心得的時候，她會從頭修到尾、改東改西，到最後交出去的根本是母親寫的文章。母親的口頭禪是「妳自己來做的話，肯定沒好事」。

母親經常說，妳照我的話做而被稱讚的話，神明也會感到開心，因為妳是奉獻給神明的孩子。如果不合母親的意思，她就會說沒臉見神明，發起瘋來打我的屁股、把我脫光丟到屋外，或者把我關在浴室裡沖冷水，很嚴厲懲罰我，但之後卻又會抱緊著我說「這是因為我愛妳」。

對我來說，只有這樣的責罰與擁抱，才是對我的「評價」，讓我能感受到「愛」的地方，我最近才發現這樣的關係是非常扭曲的。

我在二十出頭的時候，硬是逃離了母親與宗教，這才開始接收到許多與神無關的相對性評價。「妳在這個地方非常努力，真的很棒」「我喜歡妳」，這些對以前的我來說，是無法理解的評價。我不能理解自己受到評價而沒有夾帶「神明」或者「母親的喜悅」，因此覺得很可怕。

有人告訴我如果被稱讚時用「沒有那回事」來否定的話，對於誇獎我的人是很失禮的事情，因此後來在工作的場合上若有人稱讚我，我就會試著表達「您能如此褒獎，實在令我非常開心」。到了二十幾歲的後半期，我開始感受到用「還年輕嘛」來當藉口請求原諒的可能性，已經到了極限。

我想要「普通」「一般」地活下去，至少也要能夠模擬為「普通」的樣子，因此希望您能夠告訴我，「一般來說」應該要如何面對及接受他人好意的評價？

（茜　二十多歲的女性）

A 神明是什麼呢？明明沒有見過、也不曾在表參道上驚鴻瞥見，但卻會隱隱約約地相信祂的存在。不管是天國或者地獄，也都不曾有人去了之後回來，但還是忍不住會隱隱約約地相信祂的存在。

由於是在談論沒有去過之處的事情，所以我想應該會覺得有點羞愧吧？這就像是沒有去過非洲的人，靠著既有的概念說：「非洲到處都是動物、也有拿著長槍的人」那樣。實際上去了約翰尼斯堡一看，可會對於人家大都市的樣貌驚訝無比，雖然我也是沒去過啦。

宗教相關人士又或者是那些被稱為高僧之人，我在這一年也見了不少，不管說神明存在說得多麼有一回事，在我耳裡聽起來都像是個處男在談女性，實在是無法苟同。說這種話感覺會惹神明生氣，但這是我的真心話。

我不打算在自己死後還被取個法名，畢竟會用法名呼喚逝者的，不就只有和尚而已嗎？家人和朋友並不會用法名稱呼逝者吧？和尚要喊的名字由他自己想，然後由他決定取名的價格。他們只不過是拿什麼「沒有法名就無法成佛」一事來煽動大家的不安而已，能夠成佛去那個世界的都只有被取法名的日本人嗎？

我想死後的世界一定會比人生在世都要來的長久，因此與其念英文，還不如好好學習古文，才能在那個世界溝通的時候派上用場吧？真心相信那個世界存在的人，為什麼不這麼做呢？

我對宗教是有興趣的，但並沒有信仰。因此我不會對於沒去過也沒見過的地方，又或者是不存在的人物抱持期待或是害怕。但是，在旅行的時候我經常前往國內外的寺廟及教會等地，也很喜歡地獄繪卷之類的宗教繪畫和大佛等等。

宗教對於需要的人來說的確是需要的，只是剛好我不需要而已。

如此不具備信仰之心的我，在罹患疾病以後，也體驗到許多宗教的傳教勸誘。除了大家很熟悉的那些宗教以外，當然也有從沒聽過、非常稀少的新興宗教等。

尤其是幾個大型宗教，由於信仰者眾多，因此我聽過好幾次勸誘。說老實話，與其搞得像車輪戰會議那樣，真希望這些勸誘的人能夠先商量好，派個代表過來跟我說就好。

一旦有人來勸我信仰宗教，我就會詢問對方那些對於宗教的疑問。比方說法名、那個世界、神明的事情之類的，各式各樣。至今沒有任何一個人，能夠大致上提出我可以接受的答案。明明如此積極勸病人入教，卻無法回答問題，真的很不可思議。

說到底，要勸我這種毫無信仰之心的人入教，簡直就像是要幫野生的熊護髮一樣，實在是應該要多站在野熊的立場，想想應該怎麼勸說吧？

老婆的娘家對我來說是個地獄。每當親戚聚會，就有一大群人大概十二個左右，聚集在客廳當中，總是開著電視。所有人專心一意看著電視，談話的內容也是電視，對話的中心是電視，發笑的時機也是電視。

如果是十二個高齡銀髮族聚集在一起而這樣，那我還能理解，但其實十二個人大部分都是青壯年。雖然我覺得不看電視來聊天不是很好嗎？但幾年前的某一天我忽然察覺到一件事情。

對於老婆娘家的人來說，電視就是神明。不管是資訊、娛樂、感動或者悲傷，都是神明所賜予的。神明當中出現的人就是最近紅的人，神明沒有放出來讓大家看的藝人就會被說「最近都沒看到他呢」。

彷彿石器時代的土偶那樣，存在我老婆娘家的就是４Ｋ電視。遙控器聯繫神明與人類，是非常神聖的東西。有一陣子我每次去老婆娘家，就會把神明的遙控器供奉在神桌上。我想一定是因為我是異教徒，所以才會覺得老婆的娘家是地獄。

我不知道妳的母親信奉的是哪個神明，不過簡單的說，妳母親非常糟糕。若問我什麼事情糟糕呢？就是她把妳當成遙控器。

就像在我老婆的娘家，聯繫神明與人類的存在就是遙控器那樣，妳就是讓母親與神明聯繫的媒介。所以妳的母親哪天必然會拚命的找妳，要把妳帶回自己身邊。要是我家電視的遙控器不見了，我也是會找的啊！

妳的母親大概很沒有自信，並且非常害怕孤獨。能夠對身為孩子的妳態度強硬，是因為將妳與周遭斷絕，讓妳無法離開身為母親的她。

在我養育孩子以後才感受到，小孩子是非常沒有自信、害怕孤獨的。因此他們能對父母親採取很強硬的態度，同時也想要獨占爸媽。

長大成人以後若還是這個樣子，就非常令人困擾了，因此我認為必須教導孩子要有自我肯定感，並且不害怕孤獨才行。若問為何長大成人還是這樣會很困擾，就是因為會變成像妳的母親那樣。

妳的母親，其實是個孩子。孩子一旦擁有權力，就會變成那樣。

對妳的母親來說，需要的並不是神明，而是適當的諮商與治療，但我想應該是很困難吧？我認為妳今後想要「普通地」活下去的話，最好是不要與她再扯上關係。

妳無法理解他人對於妳的評價，我想是因為自我肯定感很低。如果像妳的母親那樣教育妳的話，會這樣也是理所當然。而評價的標準已經從「母親與神明」轉變為「社會」，因此妳才會感到困惑。

工作方面只能提供自己可以接受的東西，當然專家的工作和藝術家的作品不同，因此得要好好的思考時間與報酬的平衡點。

如果自己覺得不能接受卻受到好評，那麼就會更加無法相信評價這種東西，因此最好是多增加一些自己也覺得很不錯的工作成果。要做好工作需要學習，也得要提高技術，最重要的是沒有信用的話，工作做再好也沒用好。

但是並不需要以完美為目標。**只要放入妳覺得能夠滿意的一小步、妳喜歡的一小步、妳認為好的一小步在工作當中就可以了。**

也許妳現在還無法明白喜歡這種感覺，以及什麼才是做好工作的感覺。

所以妳就開始尋找喜歡的東西吧！為此妳要看書、看電影、聽音樂、吃好吃的料理，也可以旅行、拍照、戀愛，什麼都好，請去體驗許多事情。

不管是工作或者是日常生活，只要不斷累積小小的一步，就能夠產生自信。

所以雖然會多花點時間，但妳就先以毫無根據的自信來跨越吧！畢竟妳在還是年輕所以能被原諒的時期，還請好好利用。

自我評價與他人評價之間的落差，不管是好是壞，都會隨著年齡增長而逐漸理解。但是首先妳必須先誇獎自己。如果有晚輩的話，也要誇獎晚輩喔。

雖然妳說我想要「普通」「一般」地活下去，不過就連我也不明白什麼叫做普通或者是一般。

我不認為普通就是正確、也不覺得一般就會快樂。說不定普通和一般，都只是常識之神給予的感覺。

請妳找到自己喜歡的神明。雖然不能自己選擇父母，但可以自己選擇神明。

念書到底是為了什麼？

Q 我那國中二年級的兒子成績很糟，我非常困擾。學校考試的所有科目，成績都在平均之下，前幾天考的模擬考分數只有個位數，成績是排行倒數的二〇％左右。

我並不是希望他的成績變得非常優異，只是他非常努力要拿到足球推薦進入高中的話，至少也得拿到平均丙以上的成績，這樣下去我覺得只會減少他的選擇。

除了成績以外，他非常健康、開朗又溫柔，我認為自己養育了一個好孩子，但他就是非常討厭念書，從來不曾自己主動想要去念書。

如果勉強他去念書，他本人是否會相當煩躁，而失去了原先的開朗與溫柔？這點我也很擔心。我非常煩惱應該放任他這樣下去，還是應該繼續勉強他念書。

（H　四十歲的女性）

A 我寫這個人生諮詢的專欄時，經常會在內心想著：「這個怎麼會來問我啦？」但這次我卻沒有任何疑義，直接就開始回答了起來。

由於我是血癌的患者，因此身體從兩年前開始就不好了，腦袋則是一直都很不好。沒有印象以前在學校有好好念過書，當然在補習班也是一樣。

國中的時候，除了英文考試以外，所有科目成績全部都在平均以下，印象中數學也是個位數，而且我並沒有參加高中考試。

雖然我不想像那種皮膚略黑的大叔，談些什麼我年輕時也很受歡迎的，不過我國中的時候就只有英文成績非常好。電影就算沒有字幕也大概能夠理解內容，因為覺得國中的英文課太過無聊，所以還自己想辦法拿到高中的英文課本來自習。

這倒不是什麼中二病，我只是喜歡英文而已。我覺得學習英文能夠拓展世界以及價值觀，非常有趣。

但我現在不怎麼用英文，就算去國外，也盡力用日文去應付，也不曾有過什麼驚險的事情。

簡言之，當時我的英文是甲，其他成績都是戊。日語的成績當然也是很差，現在我也不太會寫漢字，也搞不懂文法什麼的。

但是因為有電腦，所以我現在寫專欄還算順利，還可以在瀕死前出本書。有些人甚至還會叫我老師，但我都快要死了耶。

前情提要寫的有點長了，不過怎麼會來問我念書的事情呢？我說真的。

花粉到處飛揚，越來越有春天的樣子。您兒子這個春天就會升上國三了對吧？恭喜恭喜。

我就老實說了，我感受不到記憶型的念書成績有什麼價值。為了升學而存在的數字，以及為了之後就業用而競爭的這些成績，我認為並不是讀書的本質。

我出了社會以後才發現，學校成績好的人並不等於會做事的人。請想像一下磯野家的長男（注：日本國民漫畫《海螺小姐》中的角色），他不擅長念書，所以在學校或者家裡都會被罵，不是所謂很得要領、腦袋好的那種孩子。

海螺小姐的時代，沒有電腦也沒有智慧型手機，確實需要記憶型的念書。記憶量大就比較優秀，是非常博學多聞的人。但現在有比人類更擅長記憶的電腦，因此我認為創造力遠比記憶力重要得多，換句話說就是思考能力。

如果覺得我這是在批評的話，實在很抱歉，但我實在不喜歡《うんこ漢字ドリル》（注：學齡兒童的漢字教科書）中的內容，為了記住漢字，就使用便便的形狀來記憶。漢字再怎麼說也只是構成文章的要素，不管記住了多少漢字，文章都變成大便實在沒有意義。

當然日語的成績可能會因為念了這本書變好，但是出了社會以後，文章的創造力遠比認得漢字更加重要。寫那種滿篇便便文字的信件或LINE的訊息根本交不到女朋友，多去接觸詩或藝文類會比較好。

英文也是一樣。不管記得了多少單字或者文法，最重要的還是要用英文說些什麼。不管發音或者文法有多麼完美如同母語者，說一些大便一樣的東西就沒有意義了。

我認為念書是為了讓人生更加豐富。雖然我沒辦法念好學校的書，但我喜歡攝影，所以念了很多攝影的東西。無論是誰，只要是喜歡的東西就能夠學習，如果能感受到自己進步就更不在話下。喜歡料理的人就去學料理、喜歡遊戲的人就去學遊戲、喜歡音樂的人就去學習音樂吧。

當然我並不是輕視那些喜歡念教科書的人。喜歡數學、喜歡歷史、喜歡英文都是很棒的。我也覺得念書以後升學，的確是能夠增加人生選項。

所以我認為，越是那些還沒有找出自己喜歡什麼事情的人，更應該好好念學校的書。

你的兒子是個喜歡足球、開朗又溫柔的孩子，這樣不是很好嗎？我不認為勉強他做不喜歡的事情，給他壓力是正確做法。如果希望他拿到足球推薦名額，我想也只能教他讀書的樂趣吧。

說起來，念書是很快樂的。能夠了解自己原先不明白的事情，會非常開心。我想，身為孩子的時候很討厭念書，長大以後卻很想念書的人應該不少吧？

原本應該開開心心的念書，是不是因為大人搞那些相對評價、成績、考試平均什麼的才變得很無聊呢？就算是大人，如果喜歡的興趣被人用相對評價來打分數，若是分數高的人也就罷了，我想分數低的人應該會變成討厭這件事情吧？個人認為在養育孩子這方面，也一定是因為國家會靠成績評斷人，無意間對少子化的進展推了一把。

我認為對妳的孩子來說，**比起學校成績，妳一句「我認為自己養育了一個好孩子」才是他一輩子的寶物**。

我能明白妳在考量一年後高中考試的心情，但我認為思考二十年後兒子要做什麼來生活也是很重要的。

期待他人擺出好面孔，不如想自己怎樣才能有好面孔

Q

晚安！我是個高二學生。

我大概從國三開始就想試著自己一個人去旅行。

從高一起我就向父母遊說過好幾次，但至今他們還是無法接受，理由似乎是因為我是個女孩子。

「如果妳是個男生，我們就會讓妳去了……女孩子還是不行。」他們總是這麼說的。

確實如果被捲入性犯罪之類的事情，身體上我沒有贏面，雖然明白，但還是不太能接受……

當我正在煩惱應該如何說服他們的時候，就讀了您那本推薦一個人旅行的書籍。

我畢竟不是父母，所以無法了解他們的心情，但如果您的孩子是個女孩子的

話，您也會推薦她一個人去旅行嗎？

另外，我有打工存了錢，夠我自己不報備就這樣去旅行。

我也考慮過不報備這件事情，但我不想忽視母親擔心的心情。

我希望能好好面對母親，讓她感到安心，您覺得我應該怎麼辦呢？

我也明白這種事情應該自己思考，但您若有建議的話還請告知。

（匿名　十六歲的女性）

A　晚安！我是幡野。在招呼後面用了「！」確實讓人感受到十六歲的年輕氣息。很不可思議，一樣是「！」但若是個紅色粗體表情符號的話，就會讓人感受到老氣。文章是會與年齡相符合的，當然煩惱也會與年齡符合，這的確是十六歲才會有的煩惱。

妳一定很仔細修改、重寫這篇文章好幾次吧？謝謝妳拚了命似地寫這篇給我，我確實感受到了。像我這種人老是漏字錯字之類的，有機會務必要請妳分一小點這種心思給我。

獨自旅行可能會有麻煩也會有風險，但自己解決這些事情能夠讓人成長，也能成為回憶。

風險不是只有旅行才會發生，日常生活中到處都有。極端一點地說，就算是待在自己家裡，也可能會有男人衝進來襲擊妳。

我現在正在新幹線上寫這篇文章，說不定會有人在車上灑汽油放火，或者拿刀到處揮舞，這可都是這幾年發生的事情。

所以必須要有能應付風險的東西。當我一個人去國外旅行的時候，會隨身帶著催淚噴劑，大小大概就跟S&B的瓶裝辣椒粉差不多，裡面裝的也很像是辣椒粉。

其實我十年前一個人去越南旅行的時候，有個男人拿著菜刀要我交出相機和現金。我深呼吸一口氣，冷靜下來之後將手伸向口袋中的催淚噴劑。想像一下，它的瓶身是圓柱型的。

我不知道噴出口在哪邊，拿著菜刀的男人在我眼前，而我在口袋裡將噴霧罐轉了兩圈。拿著菜刀的人可不是吸一口氣就會冷靜下來，如果弄錯了而把催淚噴霧噴到自己臉上的話就很麻煩了，越南的強盜應該也會嚇一跳。

我確認好噴射口，拿掉安全裝置之後，朝著那男人噴過去。這是我第一次用催淚噴劑噴別人。

結果發生了意想不到的事情，我一直以為會是像止汗噴劑或者髮膠那樣霧狀的東西，結果是像新加坡著名的魚尾獅噴水那樣「滋——」的噴出來。這樣懂嗎？

就是有點像沒有力的水槍那樣。

畢竟是生死攸關的當下，我實在非常焦急，這樣根本噴不到對方的眼睛。而且因為這是小型的，所以噴劑大概三秒就變弱了。所以理解產品的特徵，並事先加以練習是非常重要的。這時候只有稍微噴到對方臉上一點點，我趁對方狐疑的時候逃走了。

有個理論叫做「公正世界理論」。也就是做好事就會有所回報，努力的話夢想就會實現。做壞事會有天罰，會有現世報，相信這就是世界的真理。說不定妳也是這麼認為，但這其實是騙人的。

我在生病以後才感受到這些事情。有些人會跟我說，你老是喝啤酒、咖啡、可樂這類容易成癮的飲料，所以才會生病的。或者是說你住在東日本，才會因為輻射而罹患疾病。這些人實在令人感到困擾，也就是說，他們認為我做了壞事，才會受到上天責罰而罹患疾病。

我試著用「讓我感到困擾的人」這種糯米紙把他們包起來，不過我最近才剛開始做這種糯米紙，所以還很不穩固、又很薄，容易破掉。講清楚一點其實他們是「很糟糕的人」。

不吸菸也可能會罹患肺癌，小孩子也會得到癌症。絕對沒有疾病是上天責罰這回事。就連那些因為不孕而煩惱的人、遇到交通意外或其他事故的人也會聽到這種說法。

妳一個人出去旅行，如果被捲入麻煩，也會有人這樣跟妳說的。「就是因為妳自己去旅行，才會遇到這種事情，妳是自作自受」之類的。也有人跟我說，你如果相機和錢被搶、被菜刀刺的話也都是自作自受，而且還是那種從來沒出過國的人這樣跟我說的。

這個世界上有「他罰性」與「自罰性」的人。當發生麻煩的時候，他罰性的人會把錯怪在第三者身上，自罰性的人則會認為錯在自己。

也就是和朋友約在某個地方，但朋友卻沒有出現的話，會懷疑是自己弄錯時間地點，還是會懷疑對方弄錯時間地點。

如果只是遲到那還沒什麼問題，但若是攸關性命，越是神經緊張的狀態，人就會明顯區分出是他罰性或者自罰性。

而相信公正世界理論，越是偏向他罰性的人就越是麻煩。因為在他們的眼中，好人是不會發生壞事的，如果被害者自己並沒有錯，會令他們感到困擾，因此他們會認為這是天罰，再加上一點正義心當裝飾，就打造出一個很糟糕的人。

他們為了讓自己的心靈能夠安穩，就算是踩在痛苦的人身上，也要保護自己相信的東西。戴著正義面具的人面具下就是這樣的，也就是那些會讓人受到二次傷害的人，我真的非常討厭他們，上天能不能責罰一下這種人啊？

能為自己的行動負責的只有自己而已。不管是父母、老師或者戴著正義面具的人都無法為妳負責，因此其實那些人說的話，根本就是不負責任。

「如果您的孩子是個女孩子的話，您也會推薦她一個人去旅行嗎？」

要不要推薦，我會看她本人。如果她本人想去，那我沒有阻止她的理由。不過不管是男孩子還是女孩子，我都會告知他們各自會遇到的風險情況。

一開始去比較安全的地方可能會好些？我第一次自己一個人旅行，是高中二年級的暑假去了熱海，一大早出門，晚上很晚到家。

那是我第一次用三十六格的底片，拍了一整捲照片。即使現在是個大叔了，我也還約略記得那時拍了什麼，回想起去熱海的那個高中二年級暑假。

選擇的旅行地點以及在那裡會感受到的東西，也會隨年齡變化。這些感性是會逐漸累積的，累積之後會反映在妳成長後的樣貌。雖然也可以選擇在意風險而處處受限、受到他人指使的人生，但如果能累積感性成長，那麼也可以成為就算沒有人下指令，也能自立的人。

如果妳已經試著遊說一年，對方都還沒辦法接受的話，那確定是不可能了。妳只能選擇不報備或者是不要去，只有妳自己能負責。

包含父母在內，**要周遭的人都對妳擺出一副好面孔是不可能的，還不如想想自己要怎樣才能成為一副好面孔**。

前往目的地並非旅行。從出發地搭乘交通工具、歷經的景色與享用的餐點、感受到的事情、一直到安全回家為止描繪出來的線路才是旅行。因此就算是同一個目的地，每次也都是不同的旅行，所以旅行才會如此愉快。

如果妳去旅行，再告訴我妳去了哪裡吧，也告訴我妳在那裡感受到什麼事情，這會讓我比分到妳寫文章時的心思，還要令我高興。

沒有上帝的問題，只有自己的問題

Q 我的煩惱，就是當我必須要為自己人生最重大的選擇做出決定時，打壞了與家人之間的信賴關係，導致我動彈不得。

所謂人生最重大的選擇，就是選擇治療方式。我上個月成為癌症患者了，是年輕就發病的子宮癌，我罹患的是子宮內膜癌，也就是兩種子宮癌當中比較糟糕的那種，標準治療方法只有一種，就是將子宮完全摘除。

但若失去了子宮，以目前的日本來說，基本上就無法生孩子了，因此也還有一種能夠保留子宮的荷爾蒙治療法作為可能的選擇，也就是多爭取一段摘除子宮前懷孕生子的時間。在一定時間內給予荷爾蒙，癌細胞消失的話就努力懷孕、生下孩子之後（當然無法保證能生）再馬上摘除子宮。這算是一種給人一點希望，但這是疾病復發風險非常高的治療方式。

要選擇哪種治療方式，只能在這一兩星期內決定了。我真的非常煩惱。但是，最近我和先生之間的口角爭執愈發嚴重，因此破壞了我們之間的信賴關係。

在我頭暈目眩想喝水的時候，先生若是因為自己的事情而沒有心情理會我，便不會拿水給我，他會感到煩惱地躲起來。另外，他很不會說話，明明不是那樣想的，卻會說出非常過分的話，然後又對於說出那種話的自己感到失望，卻無視他眼前有個正在哭泣的人，這樣的情況一再重複發生。

我對先生的愛並沒有消失，但就是會在「拜託這種事情不能錯」的時候，他偏偏會犯錯，之後也沒辦法好好和他溝通，看見這樣縮在自己世界裡的先生，我實在無法繼續相信他。相對地，他似乎有在反省，但是他反省的方式也是靠他自己摸索，還是與我對不上。如果能夠分享問題，那麼不管怎麼不順利，都能夠一起努力下去……我還沒有往分手那步想，但是也沒有辦法下定決心要繼續承受一再發生這種事情。

光是治療方式的選擇，就是一個無法下定決心的「上帝的問題」了，在這麼拚命的時候，又有先生的問題，這真的沒辦法一次解決，因此我陷入了恐慌，我覺得就算是健健康康也會耗掉我所有精力。雖然選擇治療法為當務之急，我也想先選擇之後再來思考夫妻問題，但治療方式有一個目的是為了懷孕，那麼就需要父親，因此脫離夫妻關係來思考實在很困難。我自己也試著逼自己換個方向思考：無論父親是誰，我都想要孩子嗎？但先前都是以我們夫妻關係為前提來思考孩子的事情，因此要換成這樣的念頭頗為困難。

當然，選擇哪種治療方式也必須與他的意見磨合，但我想我自己，應該得要先下決定才是。

這種時候，你覺得應該從哪裡找出突破點呢？

（くり　二十九歲的女性）

A 罹患癌症必須要摘除子宮，摘除之前還有可能懷孕以及生產，但是也會有復發和惡化的風險。此時看到了先生懦弱之處，信賴關係變的非常淡薄，這該怎麼辦才好？

我試著把狀況整理成三行，不過設身處地想成自己遇到的話，這情況實在有點不妙。懷孕適齡女性罹患癌症的時候，我想應該大家都會考慮小孩的事情。

這個世界上有很多「只要活下去不就好了嗎」這派的黨員。在這些黨員眼中看來，妳的煩惱實在很沒意思，只要趕快把子宮摘除就好了吧？他們大概會這樣表示。說老實話，這個黨有滿多黨員是醫生。

不知道將來會有什麼樣的幸福，所以要活下去。這個黨員規則我也能夠理解，不過這個世界上的人心還要稍微複雜些，也會有死了還比較好的情況，或者比性命更重要的東西。

說到要下定重大決心，我和妳一樣是癌症患者，但我是男性而且已經有個孩子，所以無法理解妳被逼迫要做決定的痛苦。

那麼去問和妳一樣罹患子宮癌的女性，是否就能夠理解妳的痛苦呢？其實也不一定。對於五十歲的患者和二十九歲的患者來說，摘除子宮的痛苦是不同的。

除了年齡以外，有無配偶、有無孩子、工作與收入、居住地區及環境不同，也都會有不同的苦處。

妳剛罹患疾病，我這個明明已經退休卻又在社團裡露臉，擺出一副煩人又身體虛弱面孔的前輩可以給妳一點建議：沒有人能夠理解妳的痛苦，那只有妳自己能體會。

感受痛苦與辛勞的方式、感受的場所、感受的深度也都因人而異。五年前的妳、以及五年後的妳，說不定也無法理解現在的妳承受的痛苦。

如果期望他人能夠理解，往往會覺得遭到背叛，也因此更加痛苦。所以請妳一開始就不要對老公的反應有所期待。

癌症患者的家人，經常被稱為「第二患者」。你們的信賴關係最近才開始崩壞，是不是因為妳的老公成為第二患者，因此會有像是患者一樣的驚慌失措情況呢？

但是啊，人性是不太會有變化的。不管是第一還是第二患者，我認為只要成為患者以後，就會明顯反映出那個人的性格。

原先是個傻子的人，腦袋並不會變好；個性很差的人，也不會變成好人。笨蛋只會更笨，而性格差的人只會愈發糟糕。

妳的老公在妳還健康的時候，就會在不該出錯的時候出錯，然後封閉自己讓妳無法溝通，因此兩人根本對不上焦吧？由於這種情況因妳的病變得更加強烈，所以更關閉了溝通的管道。

妳的老公對妳採取的態度，有一天也會運用在孩子身上；妳在老公身上感受到的事情，有一天妳的孩子也會感受到。

我在罹患疾病以後，曾有那種生活和我絲毫扯不上關係，也不是因為心思細膩的親戚跟我說：「不生個第二胎嗎？」雖然是讓人覺得，他是不是搞錯我們關係的煩人親戚，但也因為他這句話，我有好好考慮過要不要生第二個孩子。

不生第二個，這是我的答案。但這並不是因為我生了病，而是因為一個孩子就已經忙不過來，要生第二個實在沒辦法。也就是說，不管我是健康或者生病，答案都不會改變。

雖然妳是因選擇治療方式之故而被迫要下決定，但妳如果是健康的，會怎麼做呢？妳能和自己的老公一起養育孩子嗎？

我能明白因為罹患疾病而思考關於孩子的事情。但是，正因為要思考的是孩子的事情，我認為妳更應該要採取脫離疾病的觀點。

但這並不是用那是「上帝的問題」來甩鍋，這樣想只是逃避現實而已。我幾乎都能聽到上帝說：「我才沒問那種問題咧。」

這並不是上帝的問題，而是反映出妳至今為止的生存方式以及對今後治療的選擇。再更進一步的說，就是妳將來生存方式的選擇。

不管是上帝、心思纖細的人、醫師、妳的老公，或者是我，都無法為妳下的決定負責。能為自己的生存方式負責的，只有妳自己，畢竟這可是攸關性命。**做妳喜歡、想做的事情就好了**。

想自殺的人該怎麼想？

Q

幡野先生，您好。

我是以前曾經在您的提問信箱裡面，傳了「托了幡野先生您的福，我才能將老公的照片拍好，真的非常感謝」這樣道謝話語的人。

那個時候真的非常謝謝您。

今天我也是想要向您道謝，所以才傳了這封訊息。

如果您能給我些提點就太好了。

所謂道謝，是指您寫了看起來像是肯定自殺的文章。

如果是我解讀錯誤，真的是非常抱歉。

即使如此，我還是覺得很感謝，真的非常謝謝您。

我是思覺失調症患者，幾年前治療已經達到一定的成效。

但是不久前又復發了，我對於自己腦中的「自殺吧」訊息感到非常苦惱。

當我睡著的時候，就會出現我走上死亡路上的夢境，映現出一個走在路上打算去死的人。

那姿態就像大多數人想像得一樣非常殘酷，卻又莫名的美麗。

莫非是在誘惑我嗎？我覺得自己似乎就要被拉進那誘惑當中，但因為目前病況還不是最糟的時候，因此我也會恢復心神。

主治醫師很快就加強我的治療用藥了，所以我想，這個念頭應該很快就會煙消雲散了吧。

我雖然笨拙，但還是自己思考了一下。這是不是我的內心深處的吶喊呢？

我想，自己一定是想死的。

會讓我這麼想的原因是，自我有記憶起，我就一直都想死。

我的爸媽是所謂的毒親，非常惡劣，他們並不愛我。

活著非常痛苦，我希望能夠抹滅自己。

沒錯，我不是想消失，而是想抹滅整個人生。

認識幡野先生以後，知道竟有人會說就算自殺也沒有什麼不好，我真的非常驚訝。

真的行嗎？

托您的福，我總覺得在我心底深處那個想死的靈魂，漸漸凝視著我自己。

這樣的靈魂也沒問題嗎？

我覺得好像開始能夠原諒我自己。

似乎是為了要引誘我走向那裡，所以才會再次發病。

為了非常珍愛我的先生，我深切感受到自己必須要進行自我改革。

這篇文章寫得漫不經心又如此冗長，實在非常抱歉。

關於自我改革的事情，如果能得到您一兩句意見就太好了。

第一次發病的時候，我用自己的方式達成自我改革，雖然規模很小，但我成功獲得了精神上的幸福，因此我想自己應該是有毅力的。

還請多多指教。

最後再提一點，小優的照片總是能撫慰我心。

真的是非常可愛的孩子呢！謝謝您分享幸福。

幡野先生，一直以來非常感謝您。

（エスト　四十歲的女性）

A 攝影雜誌或者社群媒體上被評價「拍得好的照片」，這種好像常識般，大家認為理所當然。

在雜誌暢行的時代，攝影雜誌會給予高評價的作品，以現在來說，就是在社群媒體上竄紅得到好評價的照片。有很多人相信評價是正確的，所以以此為目標，但是這個常識其實是錯誤的。

相較於麥當勞的漢堡，家附近餐廳的漢堡好吃多了，並不是暢銷就等於品質好。提照片會比較難懂，但是用食物或者餐點來打比方的話，就好懂多了。雖然因為我兒子超喜歡兒童餐和草莓奶昔，所以我還是會去麥當勞啦。

我不知道是自己的哪一點成為讓妳能拍好老公照片的契機，不過真是太好了。照片這種東西，只要一點建議、稍微變換觀點及思考，就能變得很好。由於我的關係而讓妳所拍的照片變好，如果映照在照片裡的妳也有所改變的話，我會覺得自己死前做了件好事。如果這樣的話，我大概能去天堂吧？不過萬一攝影之神就站在我旁邊，就有點小尷尬。

我是肯定死亡這件事情的，從身體還健康的時候就是這樣了。每當這麼說，大家就會在我耳邊吵吵鬧鬧的，不過我並非會對著他人說去死去死之類的，充其量只是不否定死亡罷了。

因此我完全不否定自殺。不過我想對真正想自殺的人說，必須要小心自殺失敗，這可能會是比自殺更痛苦的情況。而那些否定妳自殺的人，說到底只不過是他自己不想悲傷而已，我想妳周遭應該也有很多否定妳的人吧？

「不能自殺喔」，這種話乍聽之下很漂亮，也非常符合倫理道德觀念，對吧？但是這句話對於想自殺的人來說，只是將他們逼到盡頭而已。因為，這只是再次把否定強加於他身上罷了。

我就說得清楚點，在健康的人眼中看來，想自殺的人真的是麻煩死了。要是因為自己的一句話就死了也很麻煩，所以為了自己，只好用「不能死喔」來否定對方。

這很像是「海盜桶」那個遊戲。我不是說那個裡面的海盜的壞人臉跟我超像，而是說結構非常相似。

在還沒有人拿刀刺下去的時候，大家都會什麼也不多想就拿刀刺下去，等到洞越來越少，差不多該跳起來的時候，就會忽然開始思考應該要戳哪個洞才好。明明這是一種交給運氣的遊戲，思考根本沒有用，說到底如果要思考，那應該從第一刀起就思考啊！

海盜就是「想自殺的人」，而刀子就是「否定的話」。雖然海盜應該是因為最後關鍵的一刀而跳起來的（因為那個遊戲是這樣設計的），但其實是被所有刺出否定話語的人一起殺害的。現在否定妳自殺的人，是因為妳好像真的會死，所以才加以否定。但是，當妳坐的那個桶子裡還有空間的時候，刺下去的朋友可是一點感覺也沒有，說到底他們根本沒發現自己刺了一刀。

我前面寫了「在健康的人眼中看來，想自殺的人真的是麻煩死了」，其實真心話是根本不想與自殺的人有所關聯。大家都說不能死，但願意耗心力來阻止自殺的人卻是非常稀有。

在不久之前，我為一個「讓自殺之人，最後能夠打個電話跟他們諮詢」的生命線團體進行了演講，對象是他們負責接應電話的工作人員，一般人士無法參加，也就是參加者都是那些和想自殺之人直接對話的人。我感受到「為什麼大家都來問我？」的巔峰也大概是這個時期。

聽說他們人手不足，但電話似乎一天到晚都在響。他們只是接受了講習的義工，並不是受過訓練的醫療人員，所以很可能會因為煩躁而怒吼對方，似乎也曾說教般地說出「要好好活下去」之類的話。我聽了這件事情，感受到這樣並不會阻止自殺，反而有促成自殺的危機。

「先不要否定自殺，請先肯定對方。想死的話隨時都可以死的，所以先一起想想怎麼活下去吧！」

我如此告知電話商談人員。但他們幾乎都露出了一副不能接受的表情。

也許這是健康之人很難理解的感覺，但我想妳應該懂吧？我在罹患疾病後也曾經想過自殺的事情，而想自殺的時候，最讓人感到痛苦的就是否定自殺之人的話語。

「我雖然笨拙，但還是自己思考了一下。這是不是我的內心深處的吶喊呢？我想，自己一定是想死的。我想，自己一定是想死的。會讓我這麼想的原因是，自我有記憶起，我就一直都想死。我的爸媽是所謂的毒親，非常惡劣，他們並不愛我。」

這是妳寫的內容，也就是妳分析自己以後，做出了沒有人為妳做的自我肯定。就算父母不愛自己，我覺得妳也開始愛自己了。

我也是一樣的。我自己分析自己、自己肯定自己、自己愛自己，然後沒有自殺，幸運地還活著。但我還是有安樂死這個方法，手上拿著隨時都能死的王牌。

對妳來說，**自殺是一張王牌，並不需要因為被人否定，就丟掉自己手上的王牌，那樣可以讓妳活得輕鬆一些。很不可思議，只要想到隨時都可以死，就會活得**

比較輕鬆。

請好好珍惜想死的心情，那一點也不是壞事。

我的話語對妳來說也可能是把刀子，說不定會刺傷妳。會痛嗎？還是覺得很舒適呢？我希望這對妳來說是挺舒適的一刀。

我想這就像「好照片」與「拍得好的照片」是一樣的，必須對於不知何人規定的常識抱持疑問才行。我認為生存方式就和照片一樣，也是只需要一點建議、稍微改變觀點和想法，就能夠變得很好。

隨時都可以死的喔，如果死了，我們就在天國相見吧，就約在攝影之神旁邊。

寫文章，就像好吃的拉麵說好吃就行了

Q 我想寫出像幡野先生您這種能夠深達人心的文章。希望能夠編織出那樣的話語。如何才能夠寫出像您這樣具有影響力的文章呢？

（maki　三十二歲的女性）

A 我不認為自己的文章具有影響力，也不認為自己的文章寫得好。甚至可以說有人稱讚我寫的文章時，我還會感受到一些寒意，幾乎可以說是不太舒服的感覺。

我現在真的是挺不舒服的。其實這是我不想回答的問題，但因為經常有人問，所以我就一邊幫自己保暖一邊寫吧！

雖然我會覺得不舒服，但還是經常被誇獎，應該說大家一直誇獎我。寫文章的工作增加了，也有很多工作委託是除了攝影以外，希望我順便寫文章的。

搞什麼啊，大概是這種感覺。

以往我從不曾被稱讚過很帥什麼的，現在卻會有人跟我說：「你很帥氣呢。」這就好像我的體重明明沒有減輕，甚至還有點增加了，卻被問說你瘦啦？大概就是這類的感覺。

到剛才為止，我都不太能理解「編織話語」到底是什麼意思。我在網路上搜尋了一下才知道，好像是像紡紗那樣建構話語寫文章的意思。雖然我有拿到寫文章的工作，講起來是有點那個啦，但我的用語並沒有能夠到紡織的程度，也幾乎不會寫漢字、完全不明白文法之類的東西。

我在被誇獎的時候會覺得不舒服，我想應該是因為我沒有自信吧？對於自己沒有自信，自我評價與他人評價無法相符合，可能是這樣所以覺得不舒服。

雖然也會有人覺得我都三十六歲了，還在說什麼傻話，但會這樣沒有自信，我想，說起來應該是因為我在孩提時代就沒有被誇獎過。

現在的我和自己國中時期的國語能力沒有什麼差異。我小時候懂的詞彙也不多、不明白文法、也不會寫漢字。

因此我的日語成績真的非常糟糕，當然除了這科以外，其他科目也都很糟糕啦。雖然我自稱是攝影師，但是美術的成績也是糟到突破天際。

爸媽只看我的成績，就會對我發怒，同學們也都把我當白癡。因此孩提時代的我，就很像個沒有哆啦A夢的大雄。

由於周遭的人對我的評價都是糟糕的孩子，因此我也一直認為自己就是個糟糕的孩子。

所以我怎麼可能有自信呢？如果在這種環境當中成為一個自我肯定感很高的人，那才是非常糟糕的事情吧？

雖然這是親戚和一部分認識的人當中的傳言，不過最近聽說家鄉裡面開始誇獎我，彷彿那裡出了個勇者。孩提時代我因為學校老師所給的成績而惹人發怒，到了現在三十六歲，則是由於世間之人給予我的評價而受到稱讚。

雖然那也像是在編織話語，但不管被稱讚了多少話，評價本身受到誇獎是非常空虛的。

我也能理解被誇獎以後感到開心的感覺，不過這就像是在股價便宜時買的股票忽然大漲而感到的開心差不多，股價忽然大跌的話就會生氣，或者裝作不在意。

我認為那種只能夠以依據他人的評價來視人的，講得惡劣一點，就是這些人沒有看人的眼光。

由於我成為「績優股」，所以有許多人說想見我。也因而得到了很多攝影及書寫文章的工作。

也就是說他們是因為覺得我的照片或文章好，因此委託我工作、想聽我講講話、想與我見面。他們評價的不是「我的評價」，而是評價「我本人」，因此我真的非常感激。

不管我是病人還是變成績優股，對我的態度都沒有改變的人，他們真的是拯救了我。所以我也非常留心，不管自己是病人或者成為績優股，都不應該改變自己的態度。這樣講起來有點諷刺，我想正是因為我沒有自信，所以才不會變成鼻子翹得很高的天狗。

而我也理解到，不要有所改變，這件事情是非常困難的。

學校的老師並沒有教導寫文章的方法對吧？在沒有教導撰寫文章的情況下，忽然就說現在是作文課，要自由寫作，這到底是什麼狀況？

現在小孩子的作文，相似到令人驚訝。一下筆通常都是「我……」「我現在……」「我是……」大概都是這樣的開頭的，那麼開頭究竟應該寫什麼呢？

沒有輸入，怎麼可能有辦法輸出呢？就連大人在沒有範例或者示範之下也辦不到，為什麼不給孩子們看範本呢？

我不知道這樣能不能成為你問題的解答，不過我想，如果我是在學校教作文的老師，我會教學生「不要說謊」。

所謂**不要說謊，不是禁止寫天馬行空創作的作品，如果是能夠創作的孩子，那我會盡可能讓他朝能夠寫出有趣的創作方向去發展**。

所謂說謊，指的是寫下自己完全不會這麼想的事情。

雖然年號從平成換成了令和一陣子了，不過先前還是有電視節目在街頭訪問小學低年級的小男生：「平成要結束了，你覺得如何？」雖然問這種笨問題也是完全不符合對方的年齡，但那個男孩還是回答：「覺得有點寂寞。」

這個男孩子絕對不會這麼想的。我也過過五年的昭和人生，在年號換成平成的時候，完全沒有想到什麼寂寞，甚至覺得電視上都是皇室相關的事情，好無聊喔。

這是孩子覺得困擾而提出的答案，我想訪問的記者一定面帶笑意，肯定父母親也一定笑容滿面，他是看著大人的表情回答的。

我想學校的作文課，目的大概也不是提高孩子的學力或者文章能力，而是讓大人感覺開心的吧？究竟是為了誰上這種課的呢？

我認為寫真心話是非常重要的。自己每天感受到的事情，自己找出的答案，寫下這些東西的時候不要說謊，這是我非常留心的事情。

我並不是為了要讓誰感到開心而寫的，因此一點也不在意是否有人高興、又或者有人生氣。

說了謊的文章是很容易看出來的，也請妳試著寫寫不說謊的文章，並不困難。天氣很熱就覺得熱，吃了好吃的拉麵就覺得好吃，跟這些事情都是差不多的。

說給自己聽的話，就只是你自己那樣想

Q 您好，我有一位交往了一年的男友。

他離過一次婚，孩子與前妻住在一起，他們兩個月會見一次面。和他在一起的時候，看著他對待孩子的樣子，就能夠感受到他是個喜歡孩子的人。

雖然我也和他提過想生孩子，與他攜手共築家庭的事情，但他遇上轉職、搬家、照護爸媽，還預定過幾年之後要自己創業，因此沒有什麼時間，他表示目前沒有辦法建立一個新的家庭。

但等到他創立了自己的事業時，我的年齡也已經不能生孩子了。

他雖然告訴我，若是我真的想生孩子，可以分手另找對象，但我並不想只為了生孩子找其他人，為什麼我得要和現在喜歡的人分手不可呢？我不知道該如何是好，非常煩惱。

（もるこ　四十一歲的女性）

A 男性是否受到女性歡迎的標準，在孩提時代與長大成人以後是完全不同的。說得極端一點，小學生的時候大概跑得快一點，就很受女孩子歡迎了。

姑且不論運動員等級的人，長大後跑得快，無法光靠這點就比較受歡迎吧？業務部微胖的科長，無論跑得多快，女性員工也不會說：「哎呀，科長好帥喔。」只會在茶水間裡面被取個綽號，成為笑話的源頭罷了，暱稱頂多是飛毛腿先生之類的。

業務部微胖的科長，接二連三提升業績，能夠成為同事及部下的後盾，就算沒有快步衝刺而是平穩地走路，也還是很受歡迎，至少會比衝刺的時候來得受歡迎。

越是年輕的男性，那麼長相帥氣的自然是越受歡迎。但是年齡漸長，如果思想還是那麼年輕，並沒有成長到與年齡相符合，那就不會受歡迎。越是帥氣的笨蛋大叔，越是容易以他過去的經驗認為女人都對我有興趣，因此更加的麻煩。

我盡可能不要和帥氣的笨蛋大叔在一起。因為這種人特別會一直談自己過去有多風光，非常無聊。受到女性歡迎的成年男子，首先要讓同性也欣賞自己啊。

讓人想在聚餐的時候坐在他附近，談話風趣、氣氛愉快，這種男性才會受到同性歡迎。畢竟就連我都喜歡言談有趣，知道很多自己不明白之事的大叔啊。

受到歡迎的成人男子，就會是受到所有人歡迎的人，我是這麼認為的。非常不可思議，已經成年而受歡迎的男性，他們有些人在學生時代並不是那麼受歡迎。

妳的男朋友，是不是聚餐的時候，旁邊的座位馬上就會被晚輩坐滿的那種男性？

我不知道他離婚的理由，不過既然每兩個月都能見一次孩子，想必他也有好好支付贍養費用，而且前妻應該也判斷他不會對孩子有壞影響吧？

能夠好好支付養育費用，也對孩子不會有壞影響的前夫，似乎很理所當然，但其實並非如此。說到底能夠好好支付養育費用的人到底有多少呢？我想應該是很少吧。

他必須照顧父母，還有自己的孩子要養，然後還想著要創立自己的事業，對吧？妳的男朋友，應該是個非常腳踏實地的男性。

這種像是島耕作一樣的男人，非常受歡迎。

離過一次婚的男人很受歡迎，這種話我也聽過很多次，但絕對不會有那種事情。離過一次婚而非常受歡迎的男人，他單身的時候也很受歡迎，就算結婚了也還是很受歡迎。

想著「好啦，我現在是離過一次婚的人了，絕對受歡迎啦」的人絕對不會受歡迎的，這種想法就是帥氣笨蛋大叔才會有的。

我能明白妳想和他結婚，想要他的孩子的理由。而且我更加清楚另一件事情，就是這兩者都辦不到，妳還是放棄吧！

他並沒有想要與妳再婚，也沒有想要與妳有孩子。

他一個人就什麼事情都能一步一腳印地做到，而且他是能夠迅速下決定的男性。如果妳拿懷孕或者結婚逼迫他的話，他應該會和妳分手。

在妳對自己說「不是這樣的」之前，請妳仔細想想，他明明喜歡孩子，但還是能夠下定決心離婚喔。至於妳，只要他有心，隨時可以果斷分手。

妳說給自己聽的那些話，不管是好是壞，都只是妳希望自己能夠那樣想而已。

「他雖然告訴我，若是我真的想生孩子，可以分手另找對象……」

這種說法挺狡猾的呢！他的真心話應該是，可以的話，希望妳主動離開他吧……這就有點像公司不太好開口說要請人走路，所以希望員工能夠主動離職的那種感覺。

他並不是為了妳而說要分手，是為了他自己喔。也許這樣有些狡猾，但我若和他站在同樣的立場，我想，大概也會做一樣的事情。

他是想和意見完全相反的妳，稍微談一談。認真提出自己意見的話，就會變成吵架了。為了要能夠和平解決事情，好好誘導的話，就只能這樣做了。

如果妳想要孩子，和他的關係恐怕就要結束了。雖然也可以放棄孩子，試著和他繼續交往下去，但也不知何時就會結束。因為他很受歡迎，只要有心的話，一定有辦法再與年輕女性交往的。

我這樣說肯定非常殘酷，但這就是現實。不管妳多麼逃避著不去面對，現實本身也不會消失。

說到底妳是真的喜歡他所以想在一起嗎？或者是因為害怕孤獨而想和他在一起呢？雖然答案都一樣是「想要在一起」，但是正面思考與負面思考的本質卻是完全相異的。

他與妳所期望的事情，是完全相反的，**腳踏兩條船總是會兩頭空的**。

「不可以那樣想」，就只是讓人停止思考罷了

Q 我一直拜讀著您的文章。當中有許多內容，讓我覺得這莫非就在對我說的吧？每次都會覺得大受震撼。對您伴隨超現實感笑話編織出的意見，除了很刺激以外，我也在當中感受到溫暖，因此擅自將那些話語當作給自己的建言，我真的非常感激。

如果您能夠在這封信上多停留幾眼，希望您務必給我一些意見。

我在幾年前，曾以義工身分去參加一個身體障礙的孩子們能夠參加的活動。

那時我正推著一把輪椅，上頭坐一個戴著人工呼吸器，眼皮沒有完全閉上卻是昏睡狀態的孩子。有個四或五歲的孩子看見這孩子，他問：「這個小孩為什麼一直睡覺不起來？為什麼眼睛張著？好可怕，好噁心喔，我不想變成這樣。」

我對於孩子如此直接的發言感到震驚又受打擊，只能努力回答：「他因為生病了沒有辦法把眼睛閉起來，也沒辦法和大家一樣動來動去，但他是醒著的，也能聽

見大家的說話喔。如果朋友說你好可怕、很噁心，你是不是會覺得很難過？」結果對方回：「咦——可是我又不是像他這樣，好可怕，我才不要變成這樣。」然後就跑掉了。怎麼會這樣？對於這種一點建設性也沒有的孩子話語，應該要怎麼說明，才不會讓他反感而能好好解釋給他聽呢？我到現在都還在思考這件事情。雖然我還沒有孩子，但若是我自己的孩子說了一樣的話，那麼我應該怎麼回答他呢？我希望能讓他明白，人有與他人不同之處乃是理所當然，自己聽見或者遭到對待會感到討厭的事情，不應該對別人做。

如果是幡野先生您的話，您會怎麼回答「好可怕，我不想變成這樣。」的孩子呢？

（みー　女性）

A 就算是對別人說的話，如果也符合自己的狀況，都會忍不住感到驚訝，對吧？我也因為生病之後，就隨意吃自己喜歡吃的東西，結果體重增加了二十公斤左右，最近只要聽到「胖子」這個詞就會膽顫心驚。

雖然我也有想過要減肥，可是一旦吃了好吃的東西，瞬間就會忘了胖子這詞，讓我膽顫心驚。由於投藥分量會根據體重而有所變更，因此非常慎重用詞選字的醫療人員向我說明的時候，是用「因為幡野先生您變得比較福態⋯⋯」非常輕巧地表示我是胖子，輕巧的胖子。

我一直都只有讀諮詢者本人的話語，也只針對諮詢者發言。

不過偶爾，會有那種誤會我是在說他，而非常憤慨的大談自己的人，說真的，我哪裡會知道啊！我會用快到簡直不像癌症病人的動作速度封鎖他。

雖然搞錯關係性與距離感而憤慨的人，大概也是有非常煩惱或痛苦的事情，但就是這種人更容易成為他人的煩惱源頭，是個惡性循環。多管閒事或者是所謂的惡劣回文這類東西，通常都是跨越了關係性與距離感那條線的人所做出的行為。

關於「關係性」與「距離感」，我認為盡量在孩子還小的時候就應該教導他。抓不到這種感覺的小男孩，就會為了引起喜歡女孩的注意而故意騷擾對方，但若長大成人以後還是做這種事情，那不管在社群網路還是實際生活當中，都會被拒絕。

有障礙的孩子被健康的孩子說：「好可怕、好噁心，我不想變成這樣。」就算沒有親眼目睹，都覺得有點震驚，會希望這孩子能往好的方向想。我認為這的確就像是考驗成人手腕及其人性一樣，是非常困難的問題。

當我寫這篇文章的時候，正好在住院。妳有住院過嗎？不是像生產那樣，周遭都是和妳年齡差不多的人的那種情況，而是到處都是高齡的失智症患者，到處都有人在呻吟和吶喊的病房。

雖然我現在住個人病房，但大概一年前左右，我住在多人病房的時候，隔壁床是一位將近一百歲的患者。他一直發出：「水……水……我想喝水……給我水……」的呻吟聲。

如果給他水喝，會在通過氣管時造成吸入性肺炎的危險，很可能因此死亡，因此不能給他水。我想大概全日本任何一間醫院，都會做出一樣的判斷。

「好可怕，我不想在死前還要這麼痛苦。」我一開始也是這麼想的，但沒有「好噁心」的情緒，畢竟不是與自己毫不相關的事情，所以沒辦法覺得好噁心吧？

我當然沒有在患者面前說「不想像你這樣痛苦」，但只要提到這件事情的話，負責照護的人，還有福利相關的工作人員都會非常生氣。甚至還有照護人士逼迫我熟識的醫師開導我，向我說教。

弄錯關係性與距離感，跨過那一條界線的人真的很多。

雖然我拿失智症與高齡人士來舉例，但也有那種從鄉下來到東京幾年，在都市裡過著充實生活的人，因為有事要處理而回到那在日本國內可以稱之為「超級鄉下」的老家，心想就會浮現「我真不想住在這裡」的念頭。

也有那種思想非常古板的爸媽，看見從事色情風俗產業的人，或者建築工人等職業的人，也會無視是他們的工作支撐著這個社會，卻告訴自己的孩子「不可以變成那樣喔」。

雖然我住在可以隨處抽菸的八王子市，但每次看到邊走路邊抽菸的人還是會想著「我不想變成這樣」，每當在醫院看到對著護理師怒吼的患者，也會想著「我不想變成這樣」。

「我不想變成這樣」的情緒，不管好或壞，不管是小孩或是大人，任何人都會有，我認為是非常自然的情緒反應。

因此我認為，並不是要壓抑「我不想變成這樣」的情緒，或堵住嘴巴不說這句話，而是找出當中的疑惑及問題癥結，引導向「這樣做的話就會比較好」的方向，讓社會整體變好。如果那個方向又產生了疑問或者批判，那麼就來場好的議論，整合各種意見，社會應該會變得更好。

如果告訴小孩子「不可以那樣想，絕對不可以想！」就只是停止思考罷了。停止思考的大人，首先就不會產生議論。因為目的只是自己彷彿遭受那樣的對待而想堵住對方的嘴巴，因此並沒有打算理解對方，可能會用揶揄或只想不擇手段地駁倒對方。

有個網路用語叫做「礙兒」（注：日文「障礙兒」縮寫的歧視用語），是用來揶揄障礙人士的，我想會這樣寫的人應該是大人吧？妳當義工和身體有障礙的兒童一起去外面走走，有沒有覺得周遭的大人眼光也怪怪的？

如果是獨自一人，他有可能不好意思轉過來看，但充滿好奇、憐憫的眼光，總之令人不舒服。

身體有障礙的兒童本人和他的父母應該經常感受到，當然參加活動的五歲小孩，也能夠看穿大人眼底那種情緒。要叫小孩子做那種大人做不到的事情，對於小孩子來說也太不講理了吧？

「如果是幡野先生您的話，您會怎麼回應說出『好可怕，我不想變成這樣』的孩子呢？」

我怎麼回答啊？這是非常困難的問題，所以可能要真的遇到了才會知道吧。

就像說我是個輕巧胖子的醫療人員一樣，我應該會慎重選擇配合那個孩子的話語，並且告訴他有「不想變成這樣」的情緒是非常自然的，如果否定這件事情，對於孩子來說這個社會就是雙重標準。

當然也會告訴他，一般來說，傷害對方尊嚴的話語，是不可以直接說出口的。但是只這樣告知的話，總覺得他就會變成在網路上匿名使用「礙兒」那種網路用語的大人。

因此，我會告訴他**不管身體有沒有障礙，人類都具有國籍、性別、疾病等多樣性，這是理所當然的**。我應該也會告訴他，別人與自己的不同之處是最令人開心的。

不需要拒絕，也不用勉強自己喜歡，只要先認同與自己不同的存在。

大概兩年前，我帶著喜歡消防車的兒子去參加消防署的參觀活動，那裡展示了消防以及火災主題的繪畫。那個企畫是由消防署管轄內的幾間小學當中的兒童繪畫，將畫得好的作品展示出來。

大家都臨摹了消防車的細節，而且是畫得好的才展示，因此當然都畫得很棒，真的是比我這個輕巧胖子畫的好太多。

而我在那裡看到一張是障礙兒童特別班的孩童所畫的圖，真的是讓我大吃一驚。

我現在也還經常把照片拿給兒子看，告訴他：「這張畫真的超棒，你爸喜歡這張。」

那看起來像是用手指沾顏料來描繪，不知道是火焰的紅色還是消防車的紅色。是表現天空的藍色呢？又或者是表現滅火時的水的藍色呢？又或者這幅畫是表現一切呢？

我是攝影師，但是我看到這張畫的時候，覺得自己被當頭棒喝。

看到那張圖我太過興奮，結果消防員叫我冷靜點而拿水噴我。

說不定他的家人會來看這張圖，因此我還請消防署的人轉達，告訴他們我真的很感動。雖然很想買下那張畫，但我想這張畫對他的家人來說很重要，所以沒開口。

說他們拿水噴我是騙人的，不過這件事情是真的。

我見過許多人，但那些與自己不同的人對話真的非常有趣。由於大家各自有不同的經驗，因此看見的世界，感受到的世界也完全不同。所謂的有趣，並不是單純呵呵笑，而是讓人能夠思考。

我希望能教導孩子這種魅力，也希望他能夠成為可以發現有趣之處的人。

最常與我那上幼稚園的兒子一起玩的，是個韓國男孩。兒子真的很喜歡他，跟我說他們在幼稚園玩耍的事情時真的很開心。

我認為由於屬性造成的歧視及偏見，在我兒子成長為大人以後，應該會比現在少了許多，我希望是這樣，我相信會的，要改變這點的是兒子他們這一代。

話雖如此，總不能一句「交給你們啦！」就不負責任的把事情丟給孩子們，大人還是應該要為他們指出方向和基礎之類的東西，對吧？

對自己所下的詛咒，總有一天也會拿去詛咒他人

Q 我沒有生孩子的覺悟。

我是個三十歲的女人，去年結婚後與先生兩人住在一起。

在結婚以前我都覺得「不需要小孩子」。雖然我喜歡孩子，但自己有許多缺陷（不太會做家事、不擅長體貼他人、很容易情緒化等），而且我有自己的興趣和許多想做的事情，因此覺得有小孩的生活太過不切實際。

順帶一提，先生的想法跟我差不多，他表示「有沒有小孩都可以」。但最近看著朋友的孩子，我開始覺得「真可愛，有小孩的生活說不定也不壞呢」。

但是，一旦要我自己生兒育女，我又沒有自信。負起責任養育一個生命這件事情非常重大，讓我感到害怕，而且一想到這不能失敗，就更加無法向前一步。我不禁想著：明明我自己都不覺得「活著真好」了，自己卻因為「覺得生個小孩好像也不壞」就將孩子帶到這個世界上，這樣真的行嗎？

現在三十歲，接下來就算說什麼「想要生小孩」，身體上也會越來越困難（我還沒有做任何檢查，因此說不定現在就很難懷孕了也不一定）。

我在「要生小孩的話就要早點生」以及「抱持這種心情就生小孩實在太過失禮又不負責，還是別生了吧」這兩種心情之間搖擺不定。

雖然我明白這必須我和先生對談過才能決定，但若是有孩子的幡野先生能夠表示些意見就太好了。

（もずく　三十歲的女性）

A

我們家是在結婚五年以後才有孩子的。並不是因為很難懷孕之類的，是因為我沒有想要孩子。我原本就不喜歡小孩，而且也沒有自信，覺得非常不安。

因為那些有小孩的前輩爸媽隨口一句「養小孩很辛苦呢」，或者看到育兒雜誌那些描述，又或是網路上充斥著養小孩很辛苦的社會面相，這些都會影響自己的看法。

年齡和自己差不多而有小孩的爸媽說「養小孩很辛苦呢」，自己將來有小孩可能會有同感，或是他們與其他已經將孩子拉拔長大的父母談論這點時，一定是有意義的。

但是，對於將來要生小孩的人來說，「養小孩很辛苦呢」並不具備資訊的價值，只是那些人炫耀他們已經成功養育小孩，實在煩人。

這就很像是看那些五十多歲，曾經歷泡沫經濟的人，將二十幾歲的年輕人帶到酒店去，自豪說著「我們年輕的時候啊……」又像是那些現在還非常寶貝騎著那輛以前偷來的車的大叔，驕傲說著自己做過的壞事，總令人感受到些許的哀愁。

不管是多無聊的話題，酒店小姐都只會笑容滿面的說「好厲害呀～～這樣啊～～」我不管怎麼想，她們應該都不會覺得很厲害吧？但大叔們卻非常滿足。

當我遇到那種見面沒多久，就對我自誇養育子女有多麼辛勞的人，也會用「這樣啊」來想辦法熬過去。

不過我和酒店小姐不同，臉上的表情好懂到具備 4K 高畫質，寫明了「你說的這件事情真是無聊到極點」，對方卻沒發現，甚至還可以說是非常滿足。那只不過是想一股腦地講自己想講的話，根本就不叫對話吧？我猜大概半途我死掉了，他也不會發現吧？

不管是為養育子女感到自豪或者自傲地聊著過去，若是他們的話術能夠讓人呵呵開懷大笑那也就罷了，但幾乎沒有這種人。

不生小孩的理由，我隨便就能舉出很多。但若是把沒有自信、感到不安當成不生小孩的理由，是一種肯定自己也能讓自己接受的方式，會輕鬆很多。

所以除了好好珍惜「想要小孩」這個心情，別無他法。「抱持這種心情就生小孩實在太過失禮又不負責，還是別生了吧」這種話是你敵人會說的話，不需要刻意自己對著自己下詛咒啊，絕對不要這麼做。

妳對自己所下的詛咒，總有一天妳也會拿去詛咒某個煩惱的人。如此一來妳會變成某個人的敵人，所以絕對不要這麼做。

就算妳自己不說，接下來的日子也可能會有敵人對妳說這些話。敵人會用話語這把刀子，毫無顧忌的往妳和孩子的身上刺。

世上有個「反出生主義」，簡單來說，就是認為因為不知道小孩子會不會幸福，他們很可能會遭逢不幸，所以不應該生下小孩子。

以前曾經有個反出生主義的男性，以我的孩子可能會遭逢不幸的大前提，對著孩子說：「你真可憐，被生下來了。」雖然所有主義都是這樣，對於相信某些事情的人來說，需要有能夠符合他們主義的角色。對於抱持反出生主義的他來說，我生了病，而我的兒子會變不幸，這樣的狀況應該令他感到十分欣喜吧？

不幸中的大幸是，反出生主義的他應該會一代就滅亡了。他會逐漸老去，而我的兒子會長大，我的兒子輸給他的可能性很低。

但非常遺憾，就是會有這種敵人。畢竟信奉的主義不同，這也是沒辦法的。對於那些用言語來刺傷妳的對手，妳就只能用話語刺回去，或者用話語打造出盾牌。

「抱持這種心情就生小孩實在太過失禮又不負責，還是別生了吧。」

請拋棄這種話語。如果被敵人刺中的時候沒有盾牌的話，心是會死去的喔。妳的心死去，妳的孩子與先生會悲傷，感到開心的只有敵人。

也有什麼爸媽的常識、小孩的非常識這類的詞彙，其實沒有這種詞彙。

有一部分的爸媽或親戚早就喪失所謂的顧慮，他們無法做出默默守護，等到有困難才幫忙這種成熟的應對。他們無法閉上嘴巴，是多管閒事的人們。

他們相信自己經歷過的育兒情況是絕對的，不斷拒絕嶄新的事物。舉例來說，他們會反對應用智慧型手機或者平板電腦來養育子女。

如果不能留下好的，同時採取新的做法，那麼任何事情都無法漸入佳境。畢竟一百年前東北的農家，都還會賣女兒呢。目前的時代是最尖端、最好的喔，社會因為我們而逐漸變得更好。

默默守護，如果有困難再伸手幫忙。我認為這就是育兒活動當中最重要的事情，連這種事情都辦不到的人，真不想聽對方說什麼養小孩的事情，對吧？

也常常有人說「當了爸媽以後就會知道了」，我雖然才當了三年的父親，但我為人父以後最能夠明白的，就是爸媽有多糟糕。

「當了爸媽以後就會知道了」這件事情，其實是「當了爸媽以後，就會被發現很糟糕」。

就算不為人父母，長大成人應該就是這麼一回事吧？孩提時代會覺得三十歲就是個徹底的大人了，但自己到了三十歲，會覺得自己是大人了嗎？結果還是會被發現不是那麼一回事哪。

「『覺得生個小孩好像也不壞』就將孩子帶到這個世界上，這樣真的行嗎？」

行啊。不過，不用刻意想著什麼還不壞之類的，只要老實承認想要小孩就好了，不要刻意說自己的壞話。

想要小孩的心情是最重要的，這樣就夠了。

就算沒有覺悟也沒關係，沒有自信也沒關係。第一次生小孩的人，當然不可能會有覺悟，也不會有自信，畢竟又沒有經驗，這是理所當然的。

如果要求這些條件，那就沒有人能生小孩了，就連現在活著的人也都不能生。有興趣以及很多想做的事情，真的很棒呢，我和兒子以及其他孩子一起玩耍、教他們的東西，全都是我以往興趣培養出來的事情。包括魔術、念圖畫書時用情緒豐沛的表現手法等等，孩子們可是超愛的呢。

不會拿自己育兒事情炫耀的人，大多會說「總會有辦法的啦」。請妳聆聽這些人的話語，沒問題，會有辦法的。

真的很為對方著想，就應該要讓他知道

Q 我想和您商量，關於人生最後與家人共度的方式。我結婚十七年的時候發現先生出軌，精神上大受打擊。但我還是想守護與最愛的孩子們的生活，而思考起應該離婚還是分居的時候，由於身體不適而前往檢查，也因此發現身體裡有腫瘤。

目前已經決定開刀切除腫瘤，然後進行病理檢查。我有兩份工作，同時也是家庭主婦。我非常認真在思考，如果腫瘤是惡性的，那我是否就離婚之後回到娘家與孩子們度過平靜的下半生（母親也在兩年前因癌症過世）；又或者是和我愛的孩子們以及先生以『家族』的方式度過剩下的人生會比較好呢？

我自己在父親告知我母親罹癌以後（聽說母親希望父親別告訴我），裝成不知道這件事情，卻能夠盡量將時間用來陪伴母親生活這點，我真的非常感謝，因此我也覺得若自己是惡性，那麼就會告訴孩子我還有多少時間。

知道先生出軌都還不到半年，不管在身體還是心理上，我都沒辦法好好評估自己的情況……

（匿名　四十五歲的女性）

A 祕密對於保守祕密的人來說，有很多誘惑。畢竟是共享祕密，因此若共享的是萬一被發現就有風險的祕密，那麼就會產生羈絆及約束。

那些出軌的人們，似乎非常享受這個不倫的祕密，道理是一樣的。有許多出軌的人來找我商量，大部分都會混入一些秀恩愛的情緒在內，看起來還挺開心的。不過對方或者自己認真起來以後，就會有分手或有事情曝光的可能性，而感到非常困擾。大概沒有比不會曝光的外遇，來得更開心的事情吧？我想，妳的先生在曝光以前應該也是覺得很開心。

有外遇或者出軌這種問題的人，真的很多，連續劇或者電影描寫這類事情的也很多，八卦節目或者雜誌也都拚命緊咬這類的話題。每當聽人講戀愛的事情，總會覺得有些煩躁，但若是在聽外遇或者出軌的事情，就會越來越清醒，很多人都非常關注這類事情。

癌症患者周邊也有許多祕密。我聽說過很多父母罹癌的時候，無法告知孩子這件事情，理由是不希望讓孩子感到不安，或不想讓他們擔心。

但是對於被隱瞞的孩子來說，這樣會感受到自己對於家人是幫不上忙的，自己被排除在外了。我把這稱之為「被家人宣告的非戰力」。就我所知，大家對於自己竟然被隱瞞在外，都會感到非常震驚。

對於妳父親偷偷告訴妳母親生病的事情，我覺得真的做得非常棒，而妳繼續裝作不知情則是更加偉大。因為這樣不僅拯救了母親、父親，也拯救了妳自己的心靈。但我想妳還是有點痛苦吧？正因如此，妳才會想好好告訴自己的孩子。

如果父親和妳完全不知情，而妳母親就這樣過世的話，大概就會有自己被排除在外的心情，感受到自己幫不上忙，之後就會演變為遭受背叛的心情而成為壓力，如果此時發現先生出軌，大概就會覺得「我的人生算什麼」而心碎。我認為過去妳做了對的事情，所以拯救了現在的妳。

因此對於妳想自己向孩子們說明疾病的事情這點，我是非常贊成的。我想大概會有人說「怎麼跟孩子說那種事情」而反對，但我認為這是正確的做法。

我的孩子下個月就三歲了，我也打算慢慢告訴他我的病況，當然是由我自己說。對於兒子來說也許大受打擊，但現在就要建構起為此而需要有的關係性，同時好好研擬說的時候的用詞。我雖然不指望現在的兒子能夠成為戰力，但**不希望他將**

來有自己被家人排除的感受，重要的事情我想自己告訴他。

還有一種和癌症病人相關的祕密，就是患者的家人比較早知道疾病之事，而家人要求醫師不要說，理由是擔心患者本人受到打擊。

這在大約二十年前算是頗為理所當然的事情，現在則有義務要告知患者本人，我也認為這樣才正確。當然也可能會造成本人陷入憂鬱或自殺率變高等缺點，但那是類似副作用的東西，整體看來會有比缺點更大的優點。因此二十年前的理所當然，我認為已經完全改變了。

那個優點就是可以給本人一個契機和時間，能夠去認真思考自己的人生想做的事情，對於自己來說什麼才是最重要的。由於感受到死亡的氣息，感受到絕望，因此會認真思考何為生。

即使如此，不想讓患者嗅到死亡氣息的家人，還是會隱瞞患者本人。

實際上我就見過自己罹癌之事被隱瞞的男性，罹癌之後會接觸到許多醫療人員，非常遺憾的，他們共享患者資訊的情況並不完善，醫療人員畢竟也要看照好幾十位患者。

這是我聽那位男性患者說的，似乎是藥劑師在說明藥物的時候，不經意地就說出了這是癌症的事情。一開始還以為對方弄錯人了，但是在網路上搜尋點滴的藥劑名稱，的確是抗癌劑，袋子上也印著自己的名字，於是詢問看護師，確定了是癌症。

現在和二十年前不同，這個時代就算沒有醫學專業書籍，只要有智慧型手機就能知道很多事情，要隱瞞患者本人幾乎已經是不可能的吧。那位患者非常憤怒，認為家人和醫療人員竟敢「所有人聯合起來欺騙我」，結果和家人的關係惡化成最糟糕的狀態。

他還流著淚告訴我，即使如此，原先由於原因不明的身體不適所帶來的不安，在知道病名而感到安心以後，又同時感受到怨恨、放心及悔恨的心情交雜。

萬一我的老婆也對我做了一樣的事情，我想大概也會再也無法信任對方。這樣說似乎太過嚴厲，但現在都已經是令和了，每當我遇到那種患者本人明明意識清晰且具備判斷能力，家人卻隱瞞他自己有攸關性命的疾病，就覺得看見了活生生的地獄惡魔。

不希望對方擔心，不想讓他受到打擊，看起來好像是為了對方，但其實是不想看到受打擊的家人，是一種利己性的做法。如果真的很為對方著想，就應該要讓他知道，就像你父親做的那樣。

一旦生病，身體就會有所不適。醫療是為了要治療疾病，目標是根治或者痊癒，但幾乎所有患者的心靈都會跟者身體一起崩潰。他們的心靈不是因為疾病而崩潰的，是由於人際關係造成他們的心靈崩潰。

這是藥物無法治療的。被人打碎的心，我認為只有人才能夠治好。

我認為就像癌症治療需要切除患部，打碎自己心靈的人也應該要加以排除。癌症也和這種情況很像，對方也不想被切掉，所以才不願意離開。

病理的檢查結果還沒出來，所以不好多說什麼，但無論如何我都覺得妳應該好好思考一下和先生之間的關係。妳很重視的是孩子吧？而孩子需要的是妳愛他們的事，以及妳那與健康時毫無改變的心。

也許妳覺得為了孩子，應該要有先生，但那個先生若是讓妳心碎，讓整個家庭崩毀的話，這樣會連孩子都倒下，可就本末倒置了。

妳先生已經知道妳生病的事情嗎？請妳整理好自己的想法之後，試著找他「商量人生」，談談生病的事情。順便提出「希望能稍微分開一下，想沉澱一下心情」之類的？

對於商量人生的回答，通常能看出一個人的個性。這其實可以用來測量被詢問之人的人性，是非常簡單的酸鹼試紙。

如果他只想以自己有利的回答來強加在妳身上，或者是因而生氣，那樣就不是一個好先生。當然，說不定妳先生會說出一個妳可以接受的答案，畢竟你們都結婚十七年了，所以還是試一試吧！

如果分開之後感到非常舒適的話，那麼就乾脆漸漸地淡出吧。

沒問題的，只要裝成身體狀況很差就好了。反正是癌症，不會被懷疑裝病的，這很方便。

活在過去，永遠無法獲得幸福

Q

※此文依來函原文刊出。

這次並非詢問您關於工作的事情，我在十九歲時和同年的女朋友，由於爸媽互相認識進而交往，她是我的初戀。之後我進了四年制的大學，她則是念了兩年制的短期大學，因此先就業了。到了我們都二十二歲時，我認為與她之間的交往，已經變成理所當然，而興奮的感覺隨著交往時間慢慢變淡。

她在轉職以後被工作場所的前輩追求，之後甩了我與那位前輩交往。我當時無法接受自己失戀的事情，逼她要與我復合，但是她拒絕了，只能靠喝酒和抽菸來排解自己的憤恨。

她最後告訴我的一件事，是她和那個前輩上床了，我非常震驚，之後就沒有再與她聯絡。現在想想，也許她就是為了要讓我退出而說了謊。

她和那位前輩結了婚，不過現在已經離婚，目前與父母住在一起。我之後也曾和兩位女性交往，不知為何這兩人也都甩了我。後來我遇到了現在的老婆，也有了孩子，非常幸福，孩子已經是個十一歲的男孩了。我想知道她的近況，另外，也想知道她現在是否還記得我，是怎麼看我的。去年年底我忽然夢到她，就一直無法忘懷。明明早就遺忘了，因此覺得非常不可思議，也許我有想要再次與她復合的心情吧？我希望能連復合的事情都好好問問她。

真抱歉寫得這麼長，還請多多指教，我們交往了大概三年半。

（T・H　四十八歲的男性）

A

一旦名字出現在電視或雜誌等媒體上，或者是在網路上傳開來，通常就會有老友會來連絡，有些會令人感到開心，但也有些會令人感到厭煩。

最令人厭煩的，就是那些亂來的醫療推銷或是提出毫無根據的醫療建言，真的很煩。

最糟糕的，就是有人想要把我當成廣告招牌，宣傳奇怪的醫療方法、販賣健康食品、搞直銷等等。

我要是在網路上幫這些莫名其妙的東西業配的話，我想一定會有人受騙。只要有心，要欺騙那些陷入不安的病人以及他們的家人，是非常容易的，我很有自信。

當然也因為我會因此感到非常煩惱且痛苦，所以我絕對不會這麼做。

以比例上來看，想委託我業配的人，最多的就是國中的同學，就是有些人想把我當成一個宣傳管道。

最令我感到震撼的怪奇醫療是：「嬰兒扮演療法」，這也是國中同學來邀約的。只不過因為二十二年前剛好念同一所國中，大概只有一年同班的緣分，就要我試試什麼「嬰兒扮演療法」，這能算是一種治療方法嗎？說到底也不可能把自己打扮成嬰兒啊！

而且講到扮演嬰兒就覺得害羞，為了要掩飾這件事情，我大概會說是鮭魚卵吧。既然變成鮭魚卵扮演療法，但這樣治療效果大概也會變得很低吧，我想。

另外還有一種久別重逢也非常令我困擾，因為無愧於心所以我是去了，那是來自過去我交往過的女性的邀約。

有人會傳訊息給我，也有人會來我的攝影展，有些也許是因為覺得和我有值得懷念的一頁青春而來，也有的是對於自己知道幡野先生在社會上不為人知的一面，而有種類似優越感的東西，也有人是來為了過去的事來謝罪的，因為我並沒有想深談，所以不知道他們真正的用意。

在我身體還健康的時候，也不曾想再和從前交往的女性見面。

生病以後想見的人，是那些在我健康的時候也想見面的人。不想見面的人，生了病也只是更不想見到他們。

我只會想著：「喔，幸好我沒和這位女性結婚，分手真是太正確了。」

讀了你的來信，我認為你應該是不要和她見面比較好。也許你想見她，但我認為不會有什麼好結果，你一定會感到後悔的。

分手的理由我認為是隨處可見的普通原因，只要還沒有和交往的人結婚，任何時候都有可能分手。相較於學生時代已經變平淡的男朋友，在職場上工作的前輩看起來比較帥，所以很容易受到吸引吧？這是非常自然的事情，如果當時你的女朋友來找我商量，我應該也會建議她與你分手和前輩交往。

你說和她分手以後曾與兩個人交往，「不知為何」被兩人甩了對吧？沒有什麼「不知為何」喔，肯定有什麼理由讓她們想要和你分手。

我在推特之類的地方，會把很麻煩的人像是啃零食一樣喀滋喀滋的就封鎖掉，不過在封鎖他們大概兩小時之後，會去看一下那個人的版。

大部分的人都會貼上自己被封鎖的截圖，看起來似乎有點高興，又或者非常憤慨。

我封鎖了大概不到兩百個人，但因為他們不知道自己被封鎖的原因，所以那些人就會有「不知為何」的感覺，尤其是越憤慨的人越是這麼認為。

我覺得在網路社群上被封鎖時的反應，就和被交往的人或者單戀對象給甩了的時候的反應很像。

如果被某人封鎖了就大喇喇地講出來，這種人應該是在分手之後會報復晒性愛照或爆料交往時的事情等等，我忽然有這樣的聯想。

你是不是覺得不能原諒對方甩了自己的事實，又或者覺得無法接受呢？為了要能夠為自己的人生扳回一城，是不是打算把她和自己的家人，甚至把她的爸媽都一起捲進來呢？

我說得清楚點，你根本不是喜歡她吧？你只不過是活在過去。

「我想知道她的近況。另外，也想知道她現在是否還記得我，是怎麼看我的。」你們只在二十九年前交往了三年半吧？她應該幾乎不記得，也沒什麼想法了。這種情況去問對方近況，對方也只會覺得「噢，幸好沒有和這個人結婚，分手真是太正確了」。

她和前輩結婚、離婚，說不定也曾經外遇，之後可能也有再交男朋友。

她可是喜歡你，在有你這個男朋友時，卻仍有人來追的女性，也就是她非常受歡迎，至今應該與很多人交往過了。

一般來說，她對你的印象應該只剩下分手時的狀況吧？

也就是說，她認為就算說謊也必須要讓你退出，那樣的話，老實說她對你的印象很可能非常差，我不認為她對你有什麼好印象。

如果她沒有活在過去，而是完全活在當下，那就更會這樣想。你所能做的，就是希望她確實是如此。

活在當下、完全忘了你的事情，對她來說才是一種幸福吧？她的幸福也會成為你的幸福，至少可以防範你後悔。

活在過去的人是很糟糕的，而且是活得越過去越糟糕。如果懸念著二十九年前的前男友，也就是你在過活的話，這很糟糕吧？

離婚並不是一種不幸，我想她應該是活在當下的。如果遇到了什麼困難，現在的人際關係也會幫助她。

你結了婚，有老婆和十一歲的孩子，應該很幸福吧？雖然你被她甩了的時候，靠著菸酒來洩憤，那麼你能夠讓更大的痛苦加諸在你的老婆和孩子身上嗎？也有失去家人的覺悟嗎？

因為你是個認真又不機靈的人，所以我認為你應該沒辦法在外遇中如魚得水。

如果你見了她，應該會要求復合，而她拒絕的話，你大概會要脅她說就算要斷絕與家人的關係也要復合吧？

請你祈求她的幸福，與你自己家人的幸福。

請好好思考，對你來說什麼才是幸福。

就算她出現在你的夢中，你也不會出現在她的夢裡啊！

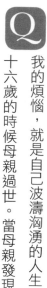

安穩的人生，還是波濤洶湧的人生

Q 我的煩惱，就是自己波濤洶湧的人生。

十六歲的時候母親過世。當母親發現自己生病的時候，父親被裁員。大學的時候，留學考試的前一天朋友自殺未遂，大學畢業之後成為社會人士，卻進了一間黑心公司，因為遇到霸凌而罹患精神疾病離職。好不容易進了第二間公司，卻有加班到三更半夜也拿不到加班費等問題，雖然比前一個公司的環境好一些，但若要工作幾十年的話，還是令人非常不安。而且我在這間公司的時候，還有不認識的男性埋伏在我家附近，搞到得去麻煩警察還搬了家。（由於擔心被發現真實身分，若是您刊登了我這篇文章，能夠將這部分大略的敘述就太感激了）其他還有很多事情，就暫且不提了。

我非常感謝在家庭經濟吃緊的狀況中，仍然讓我去上大學的父親。能夠平安通過考試、留學，重新轉職，然後現在在比之前都來得好的條件下工作，我也認為人生並非盡是壞事。但是，有時候會不禁想著：「為什麼只想過普通的人生卻如此困難呢？」

我不禁希望母親仍然健在、朋友不曾自殺未遂、沒進過什麼黑心公司、沒有被不認識的男人跟蹤，過著平凡安穩的人生。

也許您會覺得一個二十五歲的年輕女孩在說什麼傻話，但我還是忍不住會這麼想。

周遭的人常對我說，還有處境比妳更艱辛的人哪，不要覺得只有妳自己過的痛苦。但是，難道認識過得比我艱辛的人，我就能夠獲得幸福嗎？我總是忍不住就採取這種否定的態度。

我冀望的幸福（度過安穩人生）莫非是如此困難嗎？我總忍不住悲觀覺得，今後的人生是否也會發生和過往一樣的事情。

我是否應該接受自己的人生就是這樣的，還比較能夠不被自己的人生擺布，活得輕鬆一些呢？

真是抱歉整篇文章寫得有些支離破碎。

最近天氣變熱了，也請您多多保重身體。

（匿名　二十五歲的女性）

A

「我的煩惱，就是自己的人生充滿波濤洶湧。」

講到這種事情，通常不管在網路社群還是聚餐的時候，大家都會開始炫耀自己有多麼波濤洶湧。我也是、我也是、人家也是、人家也是……就好像那些拚死向銜著食物的親鳥展現自己的雛鳥，一直啾啾地叫著。

這樣寫的話，這些人會不會少一點啊？雖然這狀況很像是一般大家都會回應的：「不要以為只有妳自己辛苦！」

如果對著被爸媽從懸崖上推下之後努力爬上來的小獅子，或者是被徒弟背叛而死了一回的耶穌基督，說什麼「不要以為只有妳那麼辛苦」的話，就有點過分了，不過我想小獅子和耶穌，反而是不會說出那種話的。

人的痛苦、辛勞之類的會因人而異，每個人的強悍或脆弱之處也不相同，但為什麼大家都會用自己來當作標準呢？這種事情就算我不說，大家應該也都明白吧？

「不要以為只有妳那麼辛苦」這種話，是為了叫妳閉嘴才會說的。因為這句話用來封起對方嘴巴的效果很好，而且也不容易反駁。這種話不是為了要鼓勵或者激勵妳之類而說的，是他們為了自己好才說出口。

為什麼要讓妳閉上嘴呢？因為妳所說的事情實在是太無聊了。

我希望妳不要誤解，但這表示妳的話讓大家感受到壓力。

為了要解開這個誤會，感覺氣氛又變得更緊張了呢。

母親過世的確很悲傷，父親遇到裁員也很辛苦，朋友自殺未遂確實打擊很大，職場霸凌和跟蹤狂更是莫名其妙，對吧？這些事情都不是妳的錯。

越是那些想為妳做些什麼多管閒事的人，越無法忍受這些不是妳的錯的事情，因為無法幫妳的忙，也無法拯救妳，所以會覺得有壓力，想讓妳閉嘴。

或是用「有時候我也是」「人家也是很辛苦的」「我也很努力啊」這類的雛鳥模式來回應。不過這就好像同樣領救濟金的人，有人會強調自己的所得有多低，然後去攻擊其他所得較高的人還領，是一樣的道理。

越是所得低、沒有資產的人，如果因生病無法工作，那麼領取救濟金的可能性當然比較高。但不知為何有許多所得越低的人，越是希望救濟金給低一些，甚至會說什麼「還不如給我真正的食物」這類剝奪人類尊嚴的話。

他們應該是以所得比較低的自己為標準，而對其他收入較高也能領的人發怒，但明明提升給付額對於所得低的人來說比較有優勢的，他們卻將怒意發洩出來，試圖讓救濟金的給付額下降，我想是為了顯示自己有多可憐。

我認為這些為了顯示自己多可憐，卻去攻擊其他需要社會支援的人，這樣的社會非常不健康。

但我想這就是妳那個「難道認識過得比我艱辛的人，我自己就能夠獲得幸福嗎？」的解答吧，我想這個世界上的確就是有那麼多過得非常艱辛的人，但裝可憐的也不少。

不管是應對能力、適應能力或者溝通能力等等，所謂的能力是各式各樣，但我認為**解決問題的能力，是成為大人必須要擁有的能力之一**。也就是遇到失敗、問題或障礙時，解決這些事情的能力。

妳在母親過世以後仍然好好活著，父親雖然被裁員但妳仍然能上大學，朋友自殺未遂妳也還是能通過考試去留學，也順利逃離黑心公司，現在在條件良好的地方上班，跟蹤狂的事情也在警察幫忙之下避免了最糟糕的情況，對吧？

有些人會呆立在原地束手無策，甚至停止思考，而妳自己雖然沒發現，但妳解決問題的能力其實非常高強。

我也希望自己的兒子能夠具備這種能力，所以讓他經歷許多失敗。就算裝了茶的杯子快要翻倒了，我也不會幫忙他，而是就讓杯子翻倒。我絕對不會生氣，而是擦乾翻倒的茶，裝新的茶給他。

這樣一來，兒子下次翻倒茶的時候，就會自己擦乾，自己倒新的茶。偶爾我自己也會失敗，翻倒了可樂之類的，兒子還會幫我擦掉，從冰箱拿新的可樂給我呢。

雖然用不會翻倒的杯子來避免失敗是非常簡單，但不管有多小心，還是可能會發生失敗或者問題，因此最重要的還是解決問題的能力。畢竟無法回到過去，所以已經發生的事情，就算後悔或者怨嘆，站在那兒也無法解決事情。

而我想，與年齡相符的失敗、問題、還有其他波濤洶湧的事情也是很多，我認為這是常態，就只能想辦法解決這些事情，如果是妳的話肯定沒問題的。

還有啊，不管是抱怨或者講述不幸的事情，其實對聽的人來說，精神負擔都很大。雖然有些人會說「成功的人說起不幸，總是甜如蜜」，但那也需要有能把不幸的故事變成香甜蜂蜜的技巧啊！如果只有不幸的花粉，就只會害人一直打噴嚏。

經常有人會對我說不幸的花粉故事，不過我都沒有在聽。當然我也不會叫對方閉嘴，我就裝成有在聽，然後心裡想著如果中了三億元的樂透要拿來做什麼呢？之類天馬行空的胡思亂想。

也許這樣大家會覺得我很冷漠，或許會說別人的抱怨你好歹也聽一下，但如果認真去聽的話，就只會讓自己的心靈越來越脆弱。妄想什麼三億元，是我為了讓自己心靈安穩所做的防禦手段。

三億元的使用方式，大概最後都會落在打造一個可以販賣自己喜歡的書籍、用品，然後裝潢和杯子都很有品味的咖啡廳，大概就是這類絕對會失敗的事業。

不管是抱怨或是談論不幸波濤洶湧的故事，最好都講得些有趣的會比較好，這樣一來大家就會好好聽妳說。「大家都不聽我說，因為不聽我說，所以我才會一直啾啾叫……」這種人還滿多的，但那其實還是因為說得非常無趣，所以才沒有人要聽。

是否度過安穩的人生，我認為是內心的處世態度和思考方式來決定的。如果妳覺得是波濤洶湧，那就是波濤洶湧；如果妳覺得很安穩，那就很安穩；覺得自己活得輕鬆，那就會很輕鬆。

不要用其他人的價值觀來決定，妳選擇自己覺得好的人生就行了。

你會痛苦，是因為正在做著自己不想做的事情

Q 養小孩非常辛苦。

我正在養育兩歲半的兒子，但並不覺得他可愛。

他不聽我的話，每天我都在怒吼。

身體發育方面似乎是沒有問題，但要養育他真的很辛苦。

也沒辦法依靠先生和母親。

就算我說這個不行做，但他還是會做；叫他住手他也不停下來，覺得會給周遭人帶來困擾，所以我發怒要制止他，但他根本就不聽；也不會說對不起來道歉，雖然我希望能在他三歲以前稍微溫柔點一些對待他，但我無法控制自己的心情，總是忍不住會吼他，幾乎可以稱得上虐待了吧。

我和其他人母之間的人際問題，以及與先生關係不太好等等，帶來了許多壓力，大概因而都發洩在孩子身上了，但我就是無法控制，我沒有一天能夠感到心情

安穩。

也曾短暫託人照顧，但情況沒有改變。

但當他睡著以後，我總是看著他的臉感到後悔。

我應該要用什麼樣的心情度日呢？我不知道應該如何是好。

請多多指教。

（もちこ　三十五歲的女性）

A 我的書《為了要重新選擇那些，我們曾經無法選擇的事情》出版已經一個月了。我收到很多回響，電子郵件和推特私訊都有，每天大概會收到一百封上下的感想。

書的內容就像是麵包超人的主題曲中描述的「自己的人生，就做自己喜歡的事情活下去」，這好像在跟三歲小孩講理所當然的道理。自己的幸福是什麼？如果一直弄不明白，這種生存方式很令人厭惡吧？

幸福的價值觀會因人而異，但為何大家會把自己的幸福價值觀加諸在別人身上呢？

最容易將自己的幸福觀強加在他人身上的，就是父母。如果是為了孩子的幸福，父母在一旁陪伴的話就沒什麼問題，但有很多父母是拿繩子綁住孩子的脖子在往前拉。做那種事情的話，孩子就會拋棄自己的幸福，只能看爸媽的臉色過活。

許多傳給我的感想中，有許多人是像潰堤一樣地談起自己的惡劣爸媽的行徑，與現在的關係。

當中還有人說想自殺，但不想把財產留給爸媽，希望我能接受他的財產；但也有團體表示希望我能夠捐錢給他們，幫助他們的活動，真的是一樣米養百樣人。

看過這麼多訊息，我發現一件事情。一百件訊息當中，大概會有三到四件是以亂七八糟的文章來批判我的人，和書本的內容完全沒有關係。

會特地直接來批評我的人，可能是因為覺得自己遭受否定而無法忍受，因此氣到跳起來的人。但明明有這麼多人傳訊息來，當中卻沒有任何一封是惡劣雙親寄來的。

我收到許多被害者的訊息，卻連一封加害者的訊息都沒有收到，這很不自然。因為以一般的想法來說，被害者與加害者的數量應該差不多才對。我想這並不是因為他們反省過了，或是對於過去養育孩子的情況感到後悔。如果是這樣的話，我應該會收到這類內容的訊息才對。

惡劣雙親的特徵，就是不知道自己是惡劣的爸媽。幾乎可以確定絕對是如此。

要價值觀已經固化的爸媽有所改善，願意讓孩子踏出自己的步伐是非常困難的，基本上應該都是孩子在忍耐。

這次的諮商，是來自認為自己「幾乎是虐待孩子」媽媽的訊息，這是我第一次收到「來自惡劣雙親的訊息」。

也許會有人覺得「這種事情還真敢拿出來討論」，但我認為這表示諮詢者是真的非常痛苦、被逼到盡頭。無法依賴先生、母親或者朋友，連找他們商量都沒辦法，在孤獨之中與孩子兩人獨處。攻擊痛苦之人沒有任何意義，他們需要的是他人的幫助。

關於妳辛勞的狀況，我以同為有個差不多大的孩子的父母身分，很容易想像。我想妳應該陷入了一個人獨自育兒的狀況，那樣當然會有問題。換成我也沒辦法、我的老婆也沒辦法一個人育兒。

我想應該有人有辦法獨自育兒，但如果妳和這樣的父母比較，往往就會陷入厭惡自己的狀態，然後又會把壓力發洩在孩子身上。但也不是和同樣辦不到的人相較，就會因而感到安心。

如果一定要比較，那就是不要忽喜忽憂，請試著和三天前的自己比較就好。

不管是工作、養小孩、生病，我總是這麼做的，和別人比較沒有意義呀！畢竟我又不是那個人。

妳我承擔的辛勞，可是和孩子一點關係都沒有。不管有多麼艱辛，爸媽的壓力都不應該發洩在小孩子身上，因為這對小孩子來說太過不合理，妳自己也很討厭成為別人發洩壓力的對象吧？我是很討厭啦。

有件事情我很在意，妳有使用暴力嗎？有些人會說是體罰，但那其實是家暴。

我現在是以妳沒有使用暴力為前提來談的，但只要有一次契機使用了暴力，我想妳之後會接二連三繼續依賴暴力，這是因為暴力是用來控制他人最簡單的手段。

只要使用暴力，別說是要對方一直跪著，就連要對方吃下自己的排泄物、叫他去偷東西，甚至是性方面的要求都能辦到。只要使用暴力，就能照妳的意思控制孩子，用暴力來育兒是最簡單的方法。

將來法規應該也會規範關於體罰的事情，雖然目前還是有一派贊成體罰，因此應該還需要一段時間。等到沒有受到爸媽體罰的孩子長大後，就會進入體罰從理所當然變成NG的世代。而那個世代在養育孩子時，應該就會養育出許多會思考自己的幸福、活得比較輕鬆的孩子。

播下的種子，我想應該在五六十年後，在我們孫子那一代開花，因而改變了社會。我一定早就死了所以無法確認，但最初播下種子的可是我們呀！我想這也是一種緣分，請妳代替我確認社會將變成什麼樣子。

五十年後的平均壽命我想大約會是一百二十歲左右，脖子裡可能會被植入可以高速通訊的端子，手腳能夠使用健保給付的人工肌肉，我想大概就算罹患失智症或癌症那時都沒有什麼關係。因為有自動駕駛，交通意外也大量減少，遇到什麼困難，就靠類似哆啦A夢外型的機器人幫我們解決。

我兒子有上幼稚園，老婆在市內另一間幼稚園每週打工四天，是個略為悠閒的工作。老婆有幼稚園老師和育幼員的經驗與證照，其實也可以不讓兒子上幼稚園，就由老婆來照顧。

以老婆來說，她大概也希望兒子多少能夠和父親有一些共同的回憶，但最後還是依我任性的要求，將他送進了幼稚園。她每週只工作四天，因此有一天可以完全地從我和孩子間解放的日子。

這是因為老婆希望能夠除了我和孩子之外，與社會有所連結。而且她也希望能夠自己賺錢供自己自由使用，有可能也是因為先生生病以後賺來的錢，她覺得用在自己身上不太好吧。

為了能做到這些事情，金錢是絕對必要的。是要接受周遭的援助，還是讓先生去賺錢或是自己賺錢，這些都行，但不要光想而已，還是得要好好想錢的事情。

如果沒有讓兒子去幼稚園，我想我和老婆在精神上應該都心力交瘁，我們家和妳家也只有一線之隔，而且我們接下來都還不知道會怎樣。

上幼稚園、幼稚園或者找保母都行，視狀況妳也可以向考慮政府機關求助。總之在育兒這件事情上，孤立與社會切斷聯繫絕對沒好事。不要暫時請別人看顧，而是平常就要有人在妳和孩子之間，協助妳進行育兒的事情會比較好喔，如果先生和母親都不能依靠，那就只能找別人了。

妳可以喝茶、聽音樂、讀書，也可以悠哉工作，什麼都好，只要把孩子交給別人的時候，就試著過還沒有孩子時的生活。

確實立場上妳是母親，但是不要責備與自己理想中的媽媽不同，因而迷失了自己。妳現在非常痛苦，是因為妳對自己做出了明明不想做「幾乎是虐待」的事。不要「發怒」而是以「說明並斥責」來代替是非常困難的，但如果辦得到的話，其實不管是對孩子或者爸媽來說，精神上都比較輕鬆。

真正很糟糕的惡劣父母，是就算虐待孩子連一絲絲罪惡感也不會有的喔。我想他們其實並不是討厭孩子，而是真的很愛自己的孩子，只是弄錯了愛的方式，所以才會沒有人自覺是惡劣的爸媽。

妳看起來有自覺，似乎也想改變，所以只要環境不同就會改變的，現在的妳並不是真正的自己。

花錢並不是壞事，也不是什麼特別的事情

Q 我的煩惱是自己天性吝嗇。因為對將來感到萬分不安，所以非常喜歡存錢，因此無法使用那些錢。我的娘家的確不富有，就連要買Uniqlo的成衣或者超市的熟菜都會躊躇老半天，我的興趣就是在圖書館看書。

現在和先生兩人都有工作，存款已經超過了一千萬日幣，就算是想到孩子（尚未到就學年齡）的教育花費，也比較能夠不那麼擔心了，但最近因故忽然需要買車，對於這項人生最大花費感到非常驚恐。雖然因住在鄉下，生活上的確需要使用車子，但對於花費好幾年功夫咬著牙才存下來的存款（我負責家計管理）就這樣飛了，真的覺得非常可怕。

當然我理解這些錢不是我一個人的，而是夫妻（家人）共同的財產，不使用的話社會就無法運轉，而且錢也不能帶到另一個世界去，這些我都明白，但是我對於手邊的存款減少感到恐懼不已。

應該要怎麼用錢才能夠消除我的罪惡感呢？另外，如果幡野先生您能說一下自己對於金錢的思考方式就太好了。

（匿名　三十四歲的女性）

A 日本三十歲夫婦的平均存款額為四百七十萬日幣，中間值好像大約是兩百萬左右。有存款的人還算好的了，大約有三成的人是完全沒有存款的。

沒有多餘的錢可以存起來，簡單點說，就是所有能夠使用的所得，都成為消費了。對於沒有存款的三成人來說，八％的消費稅還真是個重大威脅重大呢。簡言之，就是一個月份的可使用所得，就等於一整年所有上繳的消費稅稅額。

消費稅雖然可以齊頭式的徵收，但我一邊搜尋資料，一邊覺得這真的不適合有貧富差距的社會。沒有多餘的錢，手頭很緊過生活的人畢竟占了三成，消費時不免還是得需要老實點。

在這些人當中，有位三十四歲存款金額超過一千萬的人來找我諮詢，這有點……應該說實在是很厲害。讀了這一篇和自己比較之後大受打擊的人，我想應該是不少吧？用學力來比喻存款的話，妳應該是東大的程度吧。

我也想了很久這到底該不該說，不過還是講了吧，我現在大概有六千萬左右的存款。二〇一七年十二月的時候我發現罹癌，因此無法繼續工作，那時候正是虛擬貨幣泡沫期最顛峰之時。

我沒有工作所以很閒，又因為疼痛而無法成眠，所以從早到晚一直在按智慧型手機來挖礦。因為很痛苦所以也覺得想自殺，但躊躇著要不要死的時候，反而賺到錢了。

除了存款以外，我還有日本及美國的股票和外幣。我覺得日本的物價會慢慢上漲，通貨也會逐漸膨脹，因此也評估要將現金換成黃金或不動產。

說這些很像騙人的吧？的確是騙人的。我太老實了，我並沒有那麼多錢，就算有，也不可能會說吧。不過也不是全部都謊言，我的確有一些外幣和股票。

生了小孩以後，會拿到兒童養育補助金，總額大概兩百萬日圓左右。有很多人會拿去投資保險，不過我換成外幣和股票了。目的並不是投資，而是為了以後拿來作為對兒子的金錢教育用，所以才持有這些東西。

等到兒子上了高中左右，就會教他關於股票和匯率的事情，我希望他能以自己喜歡的方式運用及自由的使用金錢，消費也都包含在金錢的教育當中。社會上發生的事情也會反映在股價以及匯率上，因此也是希望他能夠關心一下社會。

我在孩提時代，爸媽給我的價值觀是告訴我存錢是好的，花錢是壞的。與其說是他們這樣教育，不如說整個社會風氣都是這樣。我想妳大概也是這樣，被告知說存錢是好的，消費是不好的對吧？

我們的父母在我們這個年齡的時候，存款利息可是八％喔，而且他們曾經經歷過泡沫景氣與泡沫崩壞的時代。這樣一來，會有人認為存錢是好、用錢是壞也沒什麼好奇怪的。我想大概還會教導孩子說，投資就是往地獄的單程列車吧。

時代背景以及經驗，會大為影響對於金錢的使用方式，因此每個世代對於金錢的價值觀都有非常大的差異，我想十五年後應該又會不一樣了。關於金錢，很難有一個普遍的思考方式，我認為最重要的就是配合時代去更新思考方式。

這是我的經驗及想法，但我認為金錢存到比必要金額還高是沒有意義的，我覺得錢就是要用才有意義。

吃好吃的東西、去想去的地方、買想要的東西、學習有興趣的事情，使用金錢是獲得體驗，使用金錢並不是一種壞事，是很快樂的事情。

金錢是能夠拓展可能性的東西，但我認為並不是金錢本身有那個價值，而是怎麼用錢，顯示出它的價值。雖然賺錢也非常重要，但更重要的是接下來要如何使用。

為了要存錢而每天咬緊牙關，就連購買生活上的必需品都覺得害怕，這種存款到底有什麼意義？以妳來說，存錢已經變成了目的，但原本存錢應該是一種手段才對。

今後日本的物價還會繼續上漲，應該不可能會下降。今天能夠用一百日幣買到的東西，十年後可能要一百二十元或一百五十元。如果只把錢存在那裡，我想無論如何，價值都只會一直下降。畢竟我想今後存款利息應該不可能到達八％，所以有錢的人不進行投資或者消費的話，其實是有所損失的。

雖然妳是為了對於「萬一」或「將來」的不安而存錢，但是以不安當成理由的人，特別好騙喔！

癌症患者就是非常好的例子，因為「萬一」已經發生了，所以為了將來而存的錢，就很容易被騙去消費掉。有些患者就像是已經進了鍋裡，還把蔥切成容易入口的大小，然後開口問怎麼沒有開瓦斯的鴨子一樣吵鬧，真的。

剛才我說謊表示自己有六千萬存款，但我想只要我有心，大概半年就可以存到吧。只需要煽動大概一百位癌症患者和他們家人的不安，然後販賣資訊給他們就可以了。因為我非常討厭欺騙患者的生意，而且收集那麼多錢也沒地方可用，所以是不會這麼做。
就像那個「媽，是我啦」的詐欺，也只要打一通電話就能讓人支付大筆金錢。大家都覺得怎麼可能因為那種事情而受騙上當，但靠著不安詐財確實存在著。
妳也是因為被煽動起不安的情緒，所以現在才會過著咬緊牙關的生活。
如果先生對於金錢的價值觀和妳一樣倒是還好，但若不一樣的話，應該很辛苦。我想先生和妳的價值觀應該不同吧？
如果妳們的價值觀相同，那麼先生對於管理家計存了一千萬的妳，應該會誇獎一番，而妳也會很有自信，不需要來找我商量這種事情。
我想妳的先生應該有一定的收入，而既然是由妳管理家計，那麼想必先生的零用金和與他收入差不多的人相比，應該是非常拮据吧？
妳緊咬牙關，而先生也緊咬牙關，但是否為了購買生活必需品汽車這件事，而與先生吵架了呢？因為先生無法理解妳的價值觀而感到不安對吧？這是我的想像，如果弄錯了真的非常抱歉，應該說我希望自己是猜錯了。
「我理解這些錢不是我一個人的，而是夫妻（家人）共同的財產」這句話不應該對我說，妳是想告訴先生的吧。
姑且放下妳與先生的關係，**與其將不安當成利息存起來，我覺得把快樂當成**

利息存起來會更好。

不要「消除不安」，而是要「享受快樂」。與其被幻想中的不安蠱惑，還不如好好思考現在，預測比較接近的未來之後再行動，這樣比較快樂。

不管是一千萬還是六千萬，不管存了多少錢都沒辦法化解妳的不安。因為存款減少就會讓妳感到不安，所以不管存多少錢都不可能化解不安的。

試著開始慢慢減緩存錢的速度，拿來消費使家人生活豐足，不要再繼續咬緊牙關，這樣妳能開心，先生也會高興吧？如果妳開心而先生高興，想必孩子也會感到歡喜。

並不需要奢侈，就算只是裝飾一朵花，也會讓生活較為豐富。

妳並不是為了增加存款而結婚的，妳難道不是為了獲得自己心目中的幸福而結婚的嗎？而享受那份幸福的手段就是存錢，所以因為存錢而感到痛苦，可就本末倒置了啊！

請先購買一家和樂吧，去體驗與先生以及孩子開車出門兜風的喜悅。

對精神疾病患者的偏見與誤解

Q 我曾因為您沒有謊言又率直的意見，多次感到茅塞頓開，也曾流著眼淚感到自己獲得救贖。

請讓我詢問一個一直都很想問您的問題。

我和您一樣住在八王子地區，因此私下覺得非常有親近感。

我有精神疾病，因此感到非常痛苦。

我在二十四歲的時候罹患思覺失調症，一邊就醫好不容易活到現在。

但是京都發生縱火事件，報導指出犯人罹患精神疾病，我非常害怕社會將有所誤解。

我現在有在工作，但無法告知同事們我有這樣的疾病，就連朋友等等，我也都隱瞞他們。

一旦說出我有病的事情，大家都會遠離我，也會被男朋友甩了，因此我對結婚不抱希望。

感受到孤獨，我越來越不懂生存的意義。

被社會上認定為可能犯罪之人實在太痛苦了。

就連父母也將我生病的事情對親戚隱瞞，去年結婚的妹妹也對親家隱瞞這件事，沒有人願意理解我。

幡野先生是怎麼看精神疾病患者的呢？您覺得我又是如何呢？

會覺得很可怕嗎？

（匿名　二十九歲的女性）

A 大約正好一年前，我的老婆和兒子在八王子站買東西的時候，忽然被一個五十多歲的女性怒吼。

老婆嚇了一跳，馬上抱起兒子逃離現場，但畢竟有跌倒的風險，抱著幼兒的女性也沒辦法跑多快，據說背後傳來的叫罵聲持續了十分鐘以上。

好不容易甩掉那位女性回到自家感到安心，壓抑許久的老婆終於眼淚滴滴答答落下哭了起來。對於老婆來說那真的非常恐怖，對於兒子來說應該也是非常不安的一件事情，我記得當時對於那位女性感到非常憤怒。

大概在這件事情過了半年以後，我們一家人開著車的時候，老婆看見了那位女性。

我一邊確保家人安全，不讓老婆和兒子進入她的視線範圍，把車子停在萬一有事的時候能夠求助的地方，抱著說不定得和對方來個饒舌歌對決的心情，一個人下了車接近那位女性。

情況講得好像很複雜，其實就是我把車子停在有點距離的便利商店，然後準備去念對方一兩句。

但我在靠近她的瞬間就理解了，那位女性恐怕是思覺失調症的患者。她有著發作時會有的症狀，對著幻覺怒吼。既然沒辦法跟對方用饒舌歌對決，我便什麼也沒做就回到車上。

回到車上有為我準備的冰拿鐵咖啡，而我則告訴老婆，那位女性恐怕是生病了。我告知老婆由於看見對方生病，所以無法責罵她，也不需要感到害怕。

我並不是要包庇那位女性，也不是怒意全消。而是老婆將來或許也會罹患一樣的疾病，兒子也是有可能會生病。

我只是覺得，如果真的到了那個時候，現在我對於那位女性所說的任何否定話語，肯定都會讓將來的家人感到痛苦。

不管任何事情都是一樣的，否定某些事情，同時也是否定了可能性。如果是否定完全不具可能性的事情也就罷了，但是精神疾病卻是任何人都有可能發生的。而且我覺得這並不是什麼有可能會得病，其實還滿普遍的。

自從我自己生病以後，與各式各樣的病患見面的機會也增加了，當中也見過許多精神疾病的患者。

說老實話，在我見過許多精神疾病患者以前，也有著偏見與誤解。我的確懷抱著「好可怕，是不是很危險啊」的情緒。

但是與許多精神疾病的患者見過面以後，我所感受到的是當中有非常開心的人、也有很有趣的人、也有些很麻煩的人，還有令人感到煩躁的人，這與健康之人沒有什麼不同，既不可怕也不危險，非常普通。

說老實話他們的病狀，就像是波浪、光線或者漸層那樣，每個人都不一樣，根本無法從病名來判斷。提到精神病患就覺得危險，我覺得就像是認為搭電車的男性都是色狼，而提出色狼控訴的女性全部都是誣告，那樣地器量狹小。

除了京都的縱火事件以外，在社會上只要有大一點的案件，犯人有前往精神科就診的經歷，就會被報導出來，我想也是因為這樣才會造成偏見與誤解。

這些誤解與偏見，造成像妳這樣對自己的疾病有認知而正在治療的人感到非常痛苦，而沒有自我認知的人也因此對精神科有一種抗拒感，而更加無法前往治療，導致症狀惡化、更加痛苦。

如果有家人帶著誤解與偏見，那麼甚至會因為家人無心的話語而受傷，說不定連治療與人格都遭到否定，我認為偏見實在不是好事。

但是，如果因為誤解是不好的就完全否定的話，健康之人可能就完全不會去思考關於這個疾病的事情。大概就是「與其聽他們對我大吼大叫，反正跟我沒關係，我也搞不懂，還是別管了」這樣的情況。

我認為在**解開誤會以後，才是理解，而理解就能夠去除偏見**。相反地說，如果沒有化解誤會的話，就會形成偏見。

我罹癌之後，感受到社會上對於癌症有著大量的誤解與偏見。

但是當中也有我自己在健康的時候所抱持的誤解，當我自己成為患者以後，才能夠理解「噢，原來是這樣啊」。

癌症患者很容易對醫療人員脫口而出的話語，有句我特別覺得不是很好，就是「反正醫生你和護士都不能理解吧」這種話。

這是將自己不能被理解的痛苦，矛頭指向醫療人員，但其實這只不過是要堵住醫療人員的嘴巴，我認為實在不是很好，因為這只會讓自己感到更孤獨。

醫療人員與患者並非上下關係，而是對等互相協助的關係，我認為這樣才對。當然健康的人與生病的人之間也不是上下關係，對立對於雙方來說只會造成傷害。

我不能說自己很能理解精神疾病患者，大概也還是誤解的路上。但如果因此而責備我，那我就無話可說了。

要能解開誤會，還是只有當事者能辦到。我希望妳不要誤解，我的意思並不是叫妳要去解開大家的誤會，這是辦得到的人去做就好的事情，我想告訴妳的是，一定會有能夠理解妳的人存在。

這幾年全世界對於LGBT的理解忽然進展快速，我感覺到這是由於LGBT的人們一直對外發聲，而媒體也在背後推了一把的結果。有個「沒上幼稚園，日本去死啦！」的部落格讓社會認知有兒童無法進入幼稚園的問題，甚至影響到政治的層面。

如果當事者不發聲，事情就不會有所改變，「契機在於當事者」是個事實。

生病的人需要社會上的支援，健康的人也需要就算生病也不會有問題的安心感，否則社會保險根本沒有意義，在國家這個制度下納稅的利益也會變淡薄。

健康的人會打擊社會上的弱者，我覺得背景原因之一，就是社會讓人沒有安心感。

雖然大家一味希望社會能夠越來越好，但我們都是社會的一員，只能我們自己能讓社會變好。請抱持著納稅的心情，大家一起改變，我和妳都是當事者。

稍微改變一下觀點，能夠給人安心感的，也許就是生病的人。這是我自己微小的念頭，也希望自己是這樣的，因此雖然生病了，卻還是做一些和健康時一樣快樂生活的事情。

當我寫這篇稿子時，我正在濱松一間飯店四十樓的房間，眺望著煙火大會。雖然好像花的錢有點多，不過反正我又不用擔心老後的問題，所以就過著類似老後的生活囉。

我不認為妳讓我覺得很可怕。多虧了至今為止我見過的那些精神疾病患者，他們解開了我的誤會，讓我向理解更邁進一步。

我這並不是要說漂亮話，也不是為了鼓勵妳才這樣說，只是因為沒有見過面所以我不知道，見了面之後可能會覺得不想再見面，也可能會覺得希望能夠再見。

這種事情是彼此彼此的，就像是在聯誼網站上相遇然後出門約會的人，也是一樣的情況。和健康的人是否合得來，與生病之人是否合得來，都是因人而異的。

雖然也會感受到精神疾病的患者有某些性格的傾向，但那只要理解了就能加以應對，這和育兒以及失智症的照護之類的都是相同的情況。由於屬性而造成傾向，但屬性可是種類繁多呢！就連攝影師、獵人或者癌症患者，也都有不同的性格傾向。

並不是因為精神疾病就會犯罪，那種事情也是因人而異，和健康的人完全相同。只要有能夠理解的健康之人，就一定也會有不能理解的健康之人，這不管是病人還是健康的人也都各有差異。

我經常在八王子的星巴克開著 MacBook，如果妳發現我的話，可以來找我說話喔。天氣越來越熱了，我們一起喝杯星冰樂吧！

不要將自己的人生，投射於感人的電視肥皂劇之中

Q 我和目前的男朋友交往即將滿七個月，而我們認識滿一年。

他年長我十歲，老婆在三年前過世，在那之前似乎過了兩年的婚姻生活。

他並沒有孩子，而我將來希望能有孩子。

我也想好好辦個婚禮，希望能和他一起去很多地方，創造我們的幸福。

但是他的家裡還有許多老婆的照片和遺物（雖然這是理所當然），我實在非常在意這件事情，因此對於我們是否能好好辦婚禮、生產、兩個人一起獲得幸福這件事情感到有些退縮。

我越是喜歡他，便越覺得沒有自信，對於我們交往一事感到非常不安。

雖然並不需要獲得其他人的許可，但我很擔心自己會一直抱持這種不安的心情。

（みく　二十五歲的女性）

A 我有時候會在意自己死後，家人和朋友會過著什麼樣的生活。我希望喜歡的人能獲得幸福，也不希望他們因為我的事情而變得難以過活或者懷抱後悔。但說句老實話，討厭的人就隨便他們去了，將死之際思考的會是喜歡的人，完全不會有一絲一毫分心給討厭的人。

不知為何身為一個病人的時候，周遭的人就會要求這個人應該「純潔正直」，甚至還有人誤認為所有病人都是心靈安定，非常溫柔的人，這些人就是非常容易沉浸於感人的肥皂劇之中的人。

我想他們一定是看多了連續劇或者電影之類的，卻不明白現實的情況，所以才會有這樣的誤會，就和那種只會在星期天傍晚看《櫻桃小丸子》卡通，就認為老人都非常溫柔是一樣的情況。畢竟我又不是佛祖，才不會為討厭的人祈禱他們能獲得幸福。

除了家人和朋友外，我也非常在意社會的發展。會有什麼樣的新技術呢？自動駕駛的時代什麼時候才會到來呢？傳真到底什麼時候才會消失？世界上發生了什麼樣的戰爭？又有什麼樣的災害呢？

我非常在意日本今後會變成什麼樣子。原始人會狩獵猛瑪象這種過去的事情，只要看書就會知道了，但未來卻沒辦法預知啊。那些事情只有活著的人才能夠得知，我真的非常羨慕。

如果逝者都會前往另一個世界，那麼從結果看來，那個世界就像是過去的集合體，而今天過世的人在那兒就是最先進的人類，在繩文人眼中就是未來的人。

當大家正在告訴繩文人「我們都是用LINE來溝通的」，而他們熱烈說起「咦！我可是用狼煙呢」之類的事情，明治時代的人就會插嘴說「我可是把信綁在鴿子腳上喔」。

只要能溝通，在那個世界也能戀愛、再婚的話，說不定也會有人外遇吧？若是真有那個世界的存在，我想應該也有像是社會制度的東西存在吧？

因此呢，真的是不用特別在意逝者，我們只要自己開心就好啦。

如果因為非常在意逝者而過得非常幸福，那也就罷了；如果因為在意逝者而無法享受幸福的話，這種生活方式還是不要來得好。因為站在一個將死之人的立場來說，我還是希望喜歡的人獲得幸福。

我也希望老婆如果想要再婚，就盡量去，沒有問題。但如果她再婚了，多半會有人對著她說三道四。那些就是很容易沉醉於感人肥皂劇的人，像是描寫永遠的夫妻之愛、夫妻間羈絆之類的狗血劇。

他們會把「先生因病逝世，即使被悲傷淹沒也拚命努力過活的單親媽媽」這種標題當成下酒小菜，順便追加辛勞以及貧困，然後舔著感人肥皂劇酩酊大醉，這些人會來阻礙我的老婆獲得幸福，真希望他們放過我老婆一馬。老婆啊，妳可要過得輕鬆些。

妳說對於「獲得幸福這件事情感到有些退縮」，我想就是因為在意某些活人的眼光，還有那種會在小酒館中談論感人的肥皂劇吧？真的不用在意那種事情啦，如果因為在意別人的目光而無法獲得幸福，那死前真的會非常後悔。

到了死前才在後悔的人其實挺多的呢。這些人都有一個共通點，就是生活在世上越在意他人目光的人，死前就越是後悔。

而一**直都是在意他人目光的狀況下生存的話，就會因為在意他人而逐漸死去，所以最好是不要以那種生存方式過活**。

這並不是要大家對其他人視若無睹或者任性生活，而是要好好思考對於自己來說，什麼是幸福，喜歡的事情是什麼，然後做喜歡的事情，移動自己棋子前進的同時也能夠享受幸福，我認為這是最重要的。

不過，對妳來說的幸福之事，對於其他人來說也許並非幸福，這是因為幸福的形式非常多樣化。結婚、生小孩這類彷彿連續劇描繪出的劇情，雖然也是幸福的樣貌之一，但這並不適用於所有的人。

講得明白一些，妳有和他以結婚為前提談過了嗎？他有想要再婚、想要小孩嗎？

從妳的文章當中不能肯定這些事情，但我稍微想像了一下，一位老婆過世的三十五歲男性，在與二十五歲女性交往了七個月以後，實在很難想像他會思考再婚的事情。雖然的確是有在交往，但畢竟再婚一定會比第一次結婚更加慎重。

而且如果要再婚的話，應該會多少為了妳這個再婚對象貼心一些，至少暫時把過世老婆的照片給收起來吧？

只不過是自己憑空想像，就高談闊論這種事情，我真的非常抱歉，如果是我弄錯的話，妳真的不用太在意。但我想他應該並不是積極的想要再婚，妳會不會是自己往結婚典禮、生小孩的方向一頭栽進去？

如果他沒有具體提到再婚的事情，妳卻完全沒有在意他的心情，反而在意他那已經過世的老婆然後一頭栽進去，那麼妳可能是把自己當成了感人肥皂劇的角色而沉醉其中。

我的父親在十八年前過世的時候，留下了一句話給我。他說：「沒有比喝醉酒的時候在社群網路上發文更危險的事了。」喝醉了豈不就無法做出冷靜的判斷嗎？舉例來說，如果妳的幸福所在是結婚和生小孩的話，那麼最重要的不是妳一個人狂奔而去，必須和夥伴並肩而行才對啊！首先是不能酒醉上路。

雖然有人活著就會感受到不安，但那是因為害怕失敗與受傷，感覺看不見未來所以不安。不管是結婚還是生小孩的事情，我想妳都沒能和他談到覺得自己可以接受，或至少能夠消除妳的不安，所以才會覺得不安。

妳必須為了享受幸福來移動自己的棋子，如此一來才能夠消除不安。越是對於看不見的未來感到不安，就越容易活在無法改變的過去。妳有注意到十八年前並沒有網路社群軟體這種東西嗎？畢竟過去就是如此模糊不明的狀態，所以結婚啦、小孩子之類這麼重要的事情，得要好好正視現在去思考才行。

畢竟他也有可能完全沒有打算再婚的意思啊！這樣一來妳的不安根本是杞人憂天，也就是為了不必要的不安而感到痛苦。

如果是那樣的話，那妳就跟他分手，去和積極想要結婚生小孩的男性交往就好了，或者也可以專心享受與他交往的當下。

無論如何，應該先靜下心來，畢竟感人肥皂劇也是會讓人宿醉，需要醒一醒。

不能因為痛苦，就演起了感人肥皂劇，等清醒了就好好與他談談吧。

因為彼此屬性相近，才會遭人嫉妒

Q 我的煩惱就是「非常容易遭人嫉妒」。

我的興趣是畫畫及寫小說，我認為自己的作品，兩者在網路上都獲得了不錯的評價。這是由於我自己的努力，以及他人推薦等數字讓我如此認為，想來應該不算太自我中心，但卻經常遭受攻擊。

我在網路上只寫小說的時候，大多數人都會稱讚，還會有人告訴我說「我是你的粉絲」。我只是貼出畫作，也是差不多的情況。

問題在於我同時放上了畫作與小說時，非常不可思議的是，明明應該是正面加上正面的評價，但粉絲卻減少了，中傷我的人也變多。在網路上有人明顯與我拉開距離，開始匿名攻擊我。

就算是表面上看起來能同時接受我畫作與寫作的人，也有實際見面後卻不以為然的狀況。甚至有人當著我的面說「我還以為妳應該更醜八怪一點」「妳家很有錢吧？」之類的話。

客氣點說，我想是他們嫉妒我吧？在我興趣的領域中，越是圖畫得好、小說寫得好的人，就有著被吹捧的傾向，可能是因此而嫉妒我能畫畫又能寫小說吧？畢竟沒有人當著我的面說嫉妒我，所以這也只是推測……

雖然我覺得不要管那些嫉妒人的傢伙就好了，但人的嫉妒心非常麻煩，如果只是誹謗中傷我的話講給我聽也就算了，但是他們會把我的壞話傳出去，因此也不少人對於我的評價變得特別嚴厲，這使我頗為受傷。

我是被所謂的惡劣父母養大的，他們會依照自己的喜好購買內衣，強迫我這個已經成年的女兒穿上，過度干涉我的事情。我自己也非常羨慕嫉妒那些出生在沒有惡劣雙親家庭中的人，但我不會因此攻擊他人。

因為我知道，任何人都會有些回想起來就覺得痛苦的地方，同時會隱瞞這件事情笑著過活。正因如此，我被其他人認為擁有一切、還藉此中傷我，真的令我非常痛苦又感到厭惡。

我也曾經因為太過厭惡這種情況而刪除了帳號，刪掉自己所有作品的檔案。但又覺得討厭自己這樣，最近連上傳作品都覺得痛苦。但畢竟做出了東西，還是希望有人能夠看看。畢竟是我努力畫的、寫的啊！我真的很努力，所以希望大家能夠看到。

我希望他人能夠看看我的作品，與我不想被攻擊的心情是等量的。也許這是我太任性了，但我只是想讓大家看看我的作品。我擅自覺得也許幡野先生也遇過這樣的事情，因此才向您提問。

真抱歉寫了這麼長一篇文章，也謝謝您願意過目。

（おうか　三十一歲的女性）

A 我認為人類的情緒當中，最不必要的就是「嫉妒」。雖然人類有著怨恨、憤怒等各種情緒，但我覺得沒有比嫉妒更加麻煩的了。

羨慕這種情緒與嫉妒完全不一樣，會覺得某些事物非常令人羨慕的話，就會努力讓自己也能夠達到那樣，但是嫉妒的人只會一心覺得對方太過優秀，因此會試圖扯對方後腿。

我的人生至今為止也多次遭遇他人嫉妒。所謂的攝影師，大多是些怕寂寞的人，常想要與其他攝影師聚集在一起，大家在街上偶爾也會看到一群脖子上掛著相機的社團吧？

我年輕的時候也會出沒在那種地方，可以交換資訊，或是受到他人作品的刺激，請別人觀看自己的作品，覺得好處多多而非常開心。但是在我得獎、開了個展、有媒體刊登我的作品以後，我就被同儕嫉妒了。

在我當獵人的那五年間，也曾被他人嫉妒。一開始我是個新手獵人，周遭的人與其說是溫柔地待我，不如說根本沒有把我當成對手。但畢竟年輕的獵人很少見，而且職業又是攝影師，媒體等各處介紹過我以後，我就開始遭到其他狩獵者的嫉妒。

光是狩獵這個行為，就非常容易受到責備了。愛護動物的人、素食主義者等，還有每天大口吃肉且體型豐滿的人，各式各樣，這些都還不算什麼，狩獵者最大的敵人是狩獵者。

現在我成為癌症患者以後，不知為何媒體會特別把這件事情拿出來說，我還是遭受到許多嫉妒，嫉妒性質的私訊我也是收了不少。嫉妒已經沒得救的癌症患者，也太過分了吧？若問嫉妒我這個癌症患者的都是些什麼人？除了癌症患者之外，別無他人。

會說想見我一面或是特地來見我的患者，目前為止都還不曾有過嫉妒我的人，所以我能安心與他們見面。不過若是不特定多數人聚集的場所，比如說患者聚會之類的，雖然很多人邀請我，但我不會參加。

嫉妒他人的，不管是身體健康或者是病人，結果都是那些與自己屬性相近的人對吧？當然不是所有人都這樣，只有一部分的人是。

如果有人擁有自己不具備或持有的東西，人就會感到嫉妒。沒有休假的人看到正在玩耍的人，就會感到煩躁對吧？其實只要他自己也去玩就好了，但他卻攻擊那些玩耍的人。這種事情不管是收入、戀愛、工作或者容貌方面都是一樣的。

但是顯露出自己的嫉妒不就太丟臉了嗎？為了隱瞞自己的嫉妒，他們就會以各式各樣的言語來批評對方，在常被嫉妒的人眼中看來，很容易就能夠分辨出哪些責備是來自嫉妒，真的很明顯。

「甚至有人當著我的面說『我還以為妳應該更醜八怪一點』『妳家很有錢吧？』之類的話。」

這種還真的是拿他們沒辦法呢！真可憐，作品跟那種事情一點關係也沒有，畢竟有錢或者面貌姣好也都無法影響的，就是作品啊！

偶爾也會有人對我說「幡野先生是癌症患者，所以照片和文章都很受好評呢」之類的話。我心裡想著，每年大概會增加一百萬位癌症患者，怎麼可能因為生了病就獲得較高的評價啊？不過，我每次都會回答：「的確就是這樣，你也生病的話就能獲得很好的評價囉。」認真看待對方，只會浪費自己的生命罷了。

對於會用「為何在許多癌症患者當中，幡野先生能夠受到矚目呢？」觀點來審查的人，我還比較想與他們多談談話，這種人會因為觀點有趣，遲早成為受到他人矚目的焦點。要是可以的話，我會想把自己的壽命提供給這種人。

不過，在網路上獲得良好評價，並不能一概論定是好作品。在攝影的世界當中也是如此，在ＩＧ或者推特上一些業餘人士拍的爆紅照片，在專家的世界當中不一定能獲得良好評價。在音樂的世界也是這樣，熱銷的曲子並不一定就是好曲子對吧？有很多曲子就算銷量並不高，但其實是非常棒的作品。

熱賣、獲得好評的作品並不一定就是好作品，熱賣的作品說到底就是受歡迎的作品，而在作品的世界當中，銷售靠的是受歡迎的程度。

「只有業界的人才能理解」「世間一般人無法理解」，要抓到這兩者之間的平衡，真的非常困難，創作的人說老實話必須誠實思考這件事情。

我並沒有看過妳的作品，因此也沒辦法一概而論，但我想應該也有人不覺得妳的圖畫或者小說值得獲得好評吧？只要有人稱讚或者受到矚目，就一定會有這種人出現，我也遇過這種情況。演藝人員出書的時候，也會有類似的責難。

雖然有些人相信每個人只有一種才能，但能夠將一件事物提升到作品等級的人，不管做什麼都很容易達成那樣的結果。我想妳就算是去煎個蛋，應該也能煎得不錯，大概就是這種情況。

不過粉絲變少了，真的被攻擊的很嚴重嗎？給人這種印象的話，那麼就必須老實地思考，小說與圖片是否有符合彼此的世界觀。當自己喜歡的小說和漫畫被改編成動畫或者電影的時候，若是配音員或演員的形象不合，還是會令人不太開心對吧？

也可以把圖畫和小說完全分開來判斷。越是身分只有一個的人，越容易為了守護自己的身分而去攻擊他人，而當他的身分崩毀的時候，就非常難維持自己的心靈了。如果能夠區分開來而維持評價的話，應該也是個辦法。

討厭被批評，將正當的批評判斷成中傷或者嫉妒，對作家來說也很危險。為了要能夠分清楚之間的區別，我認為必須要曝晒在批評及嫉妒之中。如果只希望受到稱讚的話，那麼我認為發表作品的世界，對妳來說是個非常難以生存的世界，會很累的。

雖然是受到討厭之人的話語影響，但刪掉作品檔案可不是什麼好事吧？把沒自信怪罪到他人身上是不行的，這種時候應該和自己作戰、好好面對自己。不要因為有人稱讚就覺得沒問題，或者遭受批評就覺得討厭，應該要做出自己能夠接受的作品。

話雖如此，會有人說不要管嫉妒的人就好了，這種人是沒有被別人嫉妒過，而且毫無想像力的人，又或者是他自己嫉妒他人又不希望遭受反擊，卻又希望對方要理會自己。如果有人中傷或者毀謗妳的名譽，那就盡量去告他們，完全不需要當他們的沙包。

當我持有散彈槍的時候，雖然有些人令我非常憤怒，但說到底我的殺傷能力比較高，所以並不會特別湧起過度的憤怒情緒。畢竟我又不能殺了那些我怨恨憤怒的對象。現在我以法律做為後盾，畢竟最後還是我會贏，所以也逐漸不會再感到怨恨或者憤怒。

不管是什麼方法都行，最重要的是要有反擊的手段。

因為我沒看過妳的作品，真的沒辦法一概而論，不過既然遭受嫉妒，就表示妳在作家這個範疇當中提升了一個層級。

當那些尚未受好評的作家聚集在一起，就會對於妳獲得好評價感到嫉妒，因此最好是去與那些一樣與妳獲得好評的作家同伴在一起，這樣一來妳會有所成長，身為作家的等級也會提升。

雖然這樣講，好像去找等級相似的人有點現實，但其實這是非常健全的。**相似之人在一起就不會互相嫉妒，是很開心的**。

不管是粉絲或者作家同伴都應該要好好珍惜，不過往來的對象還是應該俐落挑選。**對於作家來說真正重要的，是創作作品的自我**。

孩子的人生，並非是用來讓父母幸福的

Q 我訂婚對象的爸媽，反對我們結婚。

理由是在我出生前就已經過世祖父的國籍，以及我爸媽是自營業。

他試著要說服爸媽，我也寫了信給他們，但他的父母卻堅持「無法認同對方跟我們是一家人」，就是不願意接受。

他們似乎還哭著說你這不孝子、斷絕關係之類的話。

無論是誰都希望爸媽能夠祝福自己結婚，我也期望能夠與公婆建立和和氣氣、開開心心的關係。自從他們表明反對，已經過了半年。

他雖然曾經對我說，自己的愛情沒有人能夠否定，但在他爸媽大量抱怨之後，他的情緒也不太穩定，會說什麼「結婚很困難」「我沒辦法和爸媽斷絕關係」「好可怕」「和爸媽斷絕關係的話，結婚生活會不順利的」，結果我們談了好幾次分手。

他的父親已經是胃癌末期，因此他也是不希望增添爸爸的負擔。

希望能讓父親安穩走完最後一程，也不希望做了什麼事情讓他加快離開的腳步而感到後悔，他也非常擔心那已經陷入憂鬱狀態、心情不安的母親，不希望她再受到更大的打擊。

我也認為應該要好好考量親人生病的事情，但我有時還是會比較嚴厲些，對他說「要好好過自己的人生，人本來就會離開父母，那並不是不孝」「互相依賴而生存的關係如果沒有處理好，會痛苦一輩子，如果一直都是個不負責任的孩子，那就無法建立自己的家庭，大家都是那麼不幸」「無風不起浪就是幸福嗎？把門關上裝作沒看見，總有一天必須以更痛苦的型態去面對」之類的話，也因此我和他的關係變得有些緊張。

一方面我認為以這種形式放棄兩人的關係絕對是不好的，但也不禁明白，就算和這樣的他在一起，我也一定會非常辛苦。

這半年來我已經耗掉了這輩子的哭泣額度，以及無法成眠的夜晚數量，不管是他或者是我，都已經精疲力盡。我只不過是想要與心連心的伴侶，一起過著沒什麼大事、無可取代的每一天，吃著好吃的東西、說說無聊的事情，平穩的度日罷了。

這難道非常困難嗎？要是您能給我一些建議就太好了。

（チェリー　三十五歲的女性）

A 我討厭老婆的親戚，當中沒有值得我尊敬的人，也沒有風趣之人，所以我實在無法喜歡他們。討厭的理由有非常多個，最大的理由就是我和老婆結婚的時候，遭到了反對。

不上網搜尋一下我也不知道稱謂是什麼，總之就是老婆的祖父的妹妹和我住在同一區，不知為何對於我們要結婚的事情憤怒異常，為了謝罪以及獲得結婚許可，我帶了點心，穿著西裝前去拜訪。

那個時候對方告知，老婆的結婚對象早就決定是市公所的人了。我一邊湧起了一般人都會有的殺意，但終究還是低下了頭，卻也非常驚訝她竟然擅自幫哥哥的孫女決定結婚對象。

雖然我並沒有憎恨她或者想要復仇，但結婚遭到這樣的反對，和自己努力無關，因此會非常不甘心，覺得人格受到否定而感受到屈辱。

我的人生至今為止最為不甘心的事情之一，就是這件事情。沒有體會過是很難理解的，但真的不要體會過比較好。

妳被反對的理由是祖父的國籍，這種事情又不是妳的錯，而且不管怎麼努力也都無法改變。

不管是還活著或者已經過世，大家的祖父母及外祖父母都總共只有四個人，如加上曾祖父母及外曾祖父母就有八個人。在我有開始有記憶的時候，他們就都已經過世了，但別說是出身的國籍，就連他們的出身地或者名字我都不知道。

妳的父母是自營業，這樣有什麼不行？又不是在販賣違法藥品之類的東西。

我是因為沒辦法當上班族，所以只好做起了個人事業，雖然思考過各自的優缺點，但從未想過有什麼優劣上下之類的。不管我的祖先是哪個國家的人、做什麼樣的工作、是什麼類型的員工，現在的我都不會有任何改變，所以根本無所謂。

也許是我對於這種事情過於漫不經心，但我認為這樣總比那些以出身國家或者職業就歧視他人來的人好多了。他的爸媽用這些事情當成反對的理由，就是否定妳的存在，結構上來說和仇恨發言是一樣的。

等到我的兒子長大成人，不管他向我介紹的結婚對象是墨西哥毒梟大王的女兒、日本人公務員或是病人，不管身體不方便還健康的人，也可能對方有特定的宗教信仰，又或者是同性戀，那都是我兒子選的對象，所以我會祝福他們。

否定孩子選擇的人，就表示否定了孩子啊！如果他要選擇單身，當然我也會支持他。我並沒有反對的權利，說到底那時候我應該死了。

就算是非常明顯以失敗收場的婚姻，那就是失敗了啊。只要離婚就好了，然後把失敗的經驗應用在人生當中。

我想妳男友的爸媽應該是覺得妳們的婚姻會失敗吧？雖然是操心兒子不希望他遭遇失敗，但我想可能妳男友小的時候，去家庭餐廳吃的菜色、穿的衣服、玩耍的朋友、升學的學校甚至社團活動，就連就職的公司，爸媽也都要出嘴表示意見，然後獲得爸媽許可才能夠決定吧？

如果孩子能夠選擇的事情由父母來選擇，那麼孩子在成長的過程當中就無法培養出自己選擇、自己思考的能力，害怕失敗而不敢行動，成為一個不明白自己喜歡什麼事情的大人，也不明白自己想做的事情。

不讓他失敗，我認為是一種破壞孩子人生的行為。也許是為了孩子而這麼做的，但這是非常溫柔的虐待。

還有，妳現在三十五歲了，那麼表示男朋友應該也是差不多的年齡吧？這表示他欠缺自己年齡應該具備的思考能力，無法保護自己選擇的結婚對象，這樣很奇怪吧？如果他才十八歲的話那我還能理解。

說什麼祖父的出身的國家、父母是自營業等等，都只是些藉口罷了。如果還對著兒子邊哭邊胡言亂語，那就跟五歲小孩跟爸媽鬧脾氣沒兩樣。我想妳男友的爸媽應該也已經六十幾歲，這樣看來像是六十幾歲的小孩呢！

妳被男友的爸媽討厭，這件事情最好就接受它是個事實。父親如果是胃癌末期的話，那麼五年後的生存率大概是一〇%左右。

等到父親過世，母親一定會很悲傷，我想，她肯定會把怒氣都出到妳身上，都是妳害死的，要是沒有妳的話，他一定還活著。

雖然妳男友也說不希望父親的死期提早，但為何和妳結婚，病人的死期會提早？妳的男朋友也是有點糟糕，等到他父親過世的時候，他與他的母親應該都會立即崩潰吧！這件事情妳最好有心理準備，應該會發生的。

我想妳們要和和氣氣、開開心心相處應該是很困難，就算之後獲得結婚的許可，這件事情我想妳自己應該也沒有那麼容易忘懷。

若是要我和老婆祖父的妹妹和和氣氣、開開心心，根本就不可能。要是我真有心的話，就會在親戚同聚的餐會上，把八王子產的烏頭（注：毛茛科的有毒植物）混進小菜裡面，或者是釣到河豚的時候把內臟塗在對方的筷子上就好，所以我盡可能讓自己不要有復仇心或心懷怨恨。

畢竟要是丈母娘不小心吃掉那盛著烏頭的小菜就太可憐了，要是聚餐吃的是火鍋，那不就所有人都陣亡了嗎？老婆的親戚全死了，而我的家人都獲救的話，也太不自然了。

也許妳因為希望他們能夠認可結婚一事，所以必須要低聲下氣，但妳在內心感到討厭是沒有問題的。不需要喜歡那些討厭自己的人，我覺得那樣的話才會壓力大到提早自己的死期。

會說孩子是「不孝子」的父母，其實是完全搞錯了一件事情。**孩子的人生並不是用來使父母幸福的，而是為了他自己獲得幸福**。

妳的男朋友，有想過自己的幸福嗎？是否能夠和某個人吃著好吃的東西、說些無聊的話、過著安穩的生活，也是會因為對方而異的。

是我的性命，還是為誰而活的性命

Q 我是癌症末期患者，大概會比您早一步走。半年前醫生已經告知我所剩時間並不多。雖然我現在還能活動，但也已經感受到自己的身體越來越虛弱。

我的先生無法接受現狀。他會搜尋各種治療網站及新藥向醫生確認，連第二醫療意見都詢問了五個之多。如果他覺得有能夠接受的方向，那麼我也願意繼續治療，但結果是每次都確認這件事情無法改變，真的非常悲傷。如果我向他提照護保險和癌症末期醫療的事情，他就會非常憤怒說我是不是要放棄了。因此我只好自己去找醫院並辦相關手續。若是我和他提安寧醫療，我想他應該會氣到發狂，不過至少他沒有拿一些奇怪的民間療法給我。

我們夫妻從前感情非常好，因此我能夠理解他無法接受這種情況，但看著他尋找下一位第二醫療意見的醫師，有時也不禁想著我這樣是否也算遭受他的霸凌。

我不知道剩下的時間應該如何與先生相處。

（名字開頭是荒川的女性）

A 第二醫療意見都問過五個了，那該稱為第五醫療意見了吧？

第六個就是第六醫療意見，用英文念的話可是日本人會咬到舌頭的發音呢！第十個的醫療意見那個英文尾音會更難唸，不過到十一個的時候，eleven 的發音就好唸多了。

不過到那個時候妳應該心都已經要碎了吧？大概連好好發音的力氣都沒有。我也有洽詢第二醫療意見，不過那只是為了詢問其他醫師對於主治醫師醫療方式的看法，以及治療方針是否適當等。

妳的先生無法接受事實，所以想找出能夠配合他的心情，會說許多煩躁話語的醫師，但想到每次妳都得再度接受現實的打擊，實在令人感到心痛。

妳的先生大概是努力尋找，那種會對他說「我能治療」這句話的醫師，但這就是典型會被那種其實毫無治療效果的騙人醫療騙到手的情況。

妳的先生現在就像是一隻背著蔥的鴨子，已經進了鍋子還在那兒吵著瓦斯爐在哪的情況。我非常有自信能夠欺騙妳的先生，甚至有自信能讓他付出五百甚至一千萬。

雖然我不是很喜歡，但日文當中有個詞叫做「鬥病」。這的確是個感覺很好使用的方便詞彙，確實也有人藉此支撐而能繼續戰鬥，所以我不是很想這樣明確指出……但是一旦視為戰鬥，總覺得好像一定要有輸贏，所以我才不喜歡這個說法。
如果是有機會治癒的疾病，那麼以獲勝為目標去戰鬥也就罷了，但像妳我已經不可能治癒的人，無論如何前方都只有敗北一途，所以我真的不喜歡這麼說。
如果輸了就會死，周圍的人就會說著「不能輸啊」試圖為當事人加油，只要有人這麼對我說，那麼就連我也不禁湧出舉起竹矛突擊持槍面對敵兵的心情。
拿竹矛突擊是非常有勇無謀的喔，但就算對我們來說是如此，其他人還是會說什麼別說喪氣話、一定會有奇蹟發生的之類的，講得好像神風真的會吹起來一樣，我想妳的先生一定也對妳說過這種話吧？
雖然我不是很喜歡這種說法，但若真的要將治療比喻為戰鬥的話，那麼當然是需要戰略的。畢竟我們要挑戰的是不會獲勝的戰鬥，因此必須要準備相應的戰鬥方式才行。
回顧過去的戰爭歷史，有些國家把國土搞得殘破不堪才獲得勝利，也有國家雖然戰敗了卻有重新站起來的力量。要治療無法治癒的疾病，無論如何都會失敗並且沒有再次站起來的力量。
患者一旦死去，大家可能會說他跨過彩虹變成了星星。也許會被認為非常偉大，甚至被當成了神明，但就算是死後被當成戰神，我還是認為活著的時候與其他人的關係更加重要。

雖然妳希望能夠接受安寧治療，但是先生卻非常憤怒對吧？在我看來，他就像是舊日本軍當中的魔鬼軍人。

這不是威脅，但我還是要清楚告訴妳，這樣下去妳可能會體會到活地獄。舉例來說，如果醫生開麻醉藥性質的止痛劑給你，他可能會因為那屬於麻藥而阻止妳使用；或者是妳明明很痛苦，卻不讓你接受止痛的處方，總覺得妳會被逼上失敗而又殘破不堪的那條道路。

所謂再次站起來的力量，是指被留下來的家人今後的生存方式。由於妳被迫走上失敗又殘破不堪的道路，妳的先生一定會後悔的，懷抱著後悔的遺族，將來的人生道路可能會比罹患疾病還要痛苦。

雖然我說的這些，大概醫師或者護理師等醫療人員百分之百會生氣，但我認為如果生了病而且沒有治好的希望，那麼不如就接受事實會比較好。

健康的非醫療人員可能會覺得「的確是那樣吧」。而為什麼醫療人員會生氣呢？正是因為有許多人在罹患疾病的時候都無法輕易接受，所以他們才會生氣。

他們常生氣的告訴我：「不是所有人都像你那麼堅強啊！」我不認為自己很堅強。孩提時代我經常會輸，也討厭人家說什麼努力的話夢想就會實現，因為我知道自己很弱，所以無法獲勝。

在我看來，罹患無法治癒的疾病，卻不接受這件事情而持續奮鬥的人還比較堅強。應該說，我認為他們的人生當中大概是經常獲勝吧！

我並不是對自己的人生感到悲觀，也不是放棄了自己的人生。只是接受正確的資訊、預想最糟的情況，同時盡到最好的處理罷了。我並不期待什麼一％的奇蹟，而是認為九十九％的一般情況比較重要。

我通常會回問那些生氣的醫療人員說：「那麼，接受事實的患者、和不接受現況的患者，那種比較好治療？」幾乎百分之百他們都會回答我：「接受事實的人比較好治療。」

有許多醫療人員也非常煩惱，會問自己這究竟是為了誰而做的醫療。也有不少人感到非常痛苦，當中甚至有人為了要假裝這份痛苦並不存在，讓自己的行為看似正當，而回答我「患者的性命並不只是他自己的」。

雖然對方非常痛苦，這樣講真的是很抱歉，但我真心覺得這也未免太愚蠢了吧。

妳現在正被那化身為魔鬼軍人的先生，逼迫要拿著竹矛向前突擊。

說到底，在妳還健康的時候，妳的先生有接受過妳的意見嗎？是不是在你健康的時候，他就不太願意聽妳說些什麼呢？

以我目前為止的感受來說，健康時候的人際關係，在生病以後會變得更加濃烈灼熱，妳的先生想要控制妳。

但是啊，**在鬥病的時候要當指揮官的人，是像妳或者我這樣的病人。當然不是家人、也不是醫師**，病人不可以變成士兵啊！

病人要自己成為指揮官，清楚將作戰計畫告知家人與醫師，否則家人和醫師都會不知道該如何是好。

如果病人成了士兵，家人卻當起了指揮官，那麼就會吃敗仗且殘破不堪，造成家人非常痛苦。而家人會為了模糊這件事情，而在死後誇獎病人「他真的非常努力」。講這種話已經太遲了啊！

妳的先生逼妳做自己不想做的事情，而妳也變得對先生疑神疑鬼的，我想你們已經一腳踩進殘破不堪的泥濘。請先好好告訴他，妳不願意再接受第二醫療意見吧！

然後要重建你們的夫妻關係，畢竟以前感情很好啊！請讓原先良好的夫婦關係，因為疾病變得更加濃烈吧。

只說「我愛上了酒家女」，我想她是不會愛上你的

Q 我愛上了酒家女。

（S．K　三十四歲的男性）

A 你放棄吧。

雖然說問題只有一行，我覺得回答可能也只要一行就夠了，但是只有一行的話，我想你應該不明白為何會遭到反對吧？

對我來說也是一樣的啊，我又不是你的分身，只有一行我怎麼會知道究竟如何。你得要好好培養能夠對不明白狀況的人，說明情況的能力才行。以自我為中心與人溝通，是完全無法將事情告知給對方的。

而且你啊……是用本名傳這個訊息給我的對吧？雖然有改成用縮寫，但這要是公開出去，那麼你的本名和你的戀愛問題，就會曝晒在幾十萬人的目光之下，你

有想過這件事情嗎？

雖然同名同姓的人非常多，但當中連年齡都與你完全一樣的人，全日本應該也沒有幾個吧？除了你以外的那幾個人可是會驚訝萬分呢！對已經結婚的人來說，搞不好還會引發夫妻吵架。

我非常明白你很認真，但是你的認真是那種雖然能夠遵從指示，卻不擅長自己思考，因此會發生錯誤指示也照樣遵守不誤的危險。

人最好要能夠想像自己行動的下一步，甚至兩步之後的事情。像你這樣以自我為中心的溝通方式，也無法想像下一步會發生什麼，到底打算怎麼將自己的好意傳達給在酒店工作的女性知道？

只跟她說「我喜歡妳」這樣嗎？她們可是身經百戰，早就習慣了這些話語。應該只會輕飄飄回一句「謝謝你」就結束了吧？當然是帶著笑容說的。

用「我喜歡妳」一句話就能夠發展成戀愛的階段，必須事前有經過確實的溝通，是在只差最後一步棋的時候。

我並不是要說因為對方是酒家女，所以你就放棄吧，只是因為你根本不適合談戀愛。

因為資訊實在太少了，所以我只能用想像的，但我想對方一定是個性跟你完全相反的女性。既然能夠讓客人愛上自己，一定非常擅長溝通，也能夠猜到下一步動作，是非常敏銳的女性。雖然說是因為工作需求，但她一定對你很溫柔吧？我可以理解你會愛上對方這件事情。

但就算她不會對所有客人都這麼好，至少對大部分客人都和對你是相同的態度。這是理所當然的，畢竟人家可是職業的。我自己對於攝影時的被攝者，也都是採取相同的態度。

她非常受歡迎，我想應該有很多男性喜歡她吧？

前幾天我在岡山和三位酒家女一起去吃烤肉，但不是什麼有吃烤肉特殊癖好的酒店。

雖然有很多人傳訊息給我，但當中偶爾會有一些讓我特別停留目光的，就是那些夜晚工作的人傳給我的訊息。我在推特上寫說人在岡山，她們就說想請我吃烤肉，希望能見個面。

那天雖然我原本想吃壽司或者烏龍麵類比較清爽的東西，不過她們告知的店家好像肉類非常不錯，而且我也想聽聽酒家的話題。加上對方有三個人，我就非常悠哉去了那間烤肉店。

以我的經驗來說，如果對方只有一個人，就可以聽到非常多事情，但是也很容易我自己必須一直說話，多少有點累。而如果對方是兩個人，那就很有可能是某種推銷。如果是三個人以上，那大多數都是感情好的朋友聚會，不太容易發生奇怪的事情，對話也不會那麼累，不過這只是我淺薄的經驗啦。

在那天烤肉聚會上，她們非常熱烈談論著各自見識過的糟糕客人。拿結婚申請書來的啦；因為不希望她們去陪其他客人，跑去借錢然後一整天指定某個人坐檯的人；跑到自己獨居公寓的陽臺上站著的傢伙；找出自己白天上班的公司等等……幾乎都是有些可怕的事情，也就是說，越是不太會溝通的客人，越是容易真心愛上酒家女。

我不是說你會做出可怕的事情，只是她們要一對一面對客人，經常都有這樣的風險，其實內心都抱持著不會暴露出來的恐懼心以及警戒心，這才是我想說的。正因如此，會造成誤解的溝通方式，別說是要談戀愛了，只會讓對方開始警戒。

要不要放棄當然還是看你自己，如果你無法放棄，那就只能活用你的認真態度了。

我不知道你是做什麼職業的，但我想你也只能認真工作了。認真工作提出成果、然後提升自己的評價，應該是最快的方法。

我想應該不用我說，光是認真努力是無法獲得良好評價的，必須認真做出結果才行。

收集兩百張鈴鐺標籤（注：鈴鐺標籤運動為日本一個援助偏鄉或特殊教育機構的活動。與財團合作的商店會在包裝上印鈴鐺標誌，學校或者團體剪下鈴鐺送到財團，一張鈴鐺標籤換算為一日圓存在財團，將來可作為學校購置物品的預備金）這類努力在學校會受到稱讚，但在社會上就行不通。與其用三百元在拍賣網上買兩百張鈴鐺標籤，還不如把時間移作他用，比較能夠獲得社會的良好評價。

烤肉聚會上的三位女性，都說她們喜歡會工作的男人。我原本還以為她們會喜歡牛郎或者比較反社會的人之類的，但她們說如果要結婚的話，傾向於找普通人比較好，不會選擇那些在夜晚工作的男性。

當然這是她們的價值觀，並不是你愛上的那位女性的價值觀，但是會工作的男性，一般來說都是受歡迎的。就像是擅長溝通，能夠猜到對方下一步動作的敏銳女性。

另外，那三位女性也說她們能夠看得出客人是否真的會工作。據說不會工作的客人接吻功力也是差到讓人絕望，說什麼絕望之類的好像很難懂，她們舉例說大概就是像小鳥在啄那樣。

根據她們的說法，不會工作的男性就連薪資不高的女性都不會喜歡他們，因此偶爾就會覺得反正這裡是酒家，就上吧！然後很猛烈的撞過來，這是她們的假設。會工作的男性為了要受到女性歡迎，絕對不會急著要接吻、而且也習慣了，所以就還挺不錯的，我不禁恍然大悟。

夫妻關係、戀愛關係、朋友關係當中，也有那種因為覺得周遭的人不理解自己而感到憤怒的人，但是不努力告訴別人的話，不被理解也是理所當然的吧？畢竟你只傳了一行訊息過來，所以也許我誤解了你、也可能無法理解你，但這是理所當然，因為你並沒有要努力告訴我。

遭受誤解應該很討厭吧？因為你沒有詳細說明她究竟多麼有魅力，而我只有酒家女這個資訊，因此也可能誤解她。你喜歡的人遭受誤解，應該更加討厭吧？

為了不要被誤解，我認為就只能用話語好好告知對方才行。

如果沒有好好將自己的心情與魅力告訴她，那麼是不可能戀愛的。如果覺得她一定可以理解我的，那可就大錯特錯囉。

你不希望自己喜歡對方的心情遭到誤解吧？那麼你對我做的這種事情，請不要用在她身上。戀愛與社會不同，會對認真的努力給予好評價的。

先不論道德或感情，以損益衡量來看「賣春」

Q 我無法停止進行援助交際。

我在虐待家庭長大，也經常遭受父親的性虐待，每天都過著人格遭受否定的日子。

惡劣父母並不是我要諮詢的，因此就稍微略過不談。

由於我幾乎沒有零用金，但又想要有遊玩的花費，因此就隨便將自己的身體賣掉，與交友網站上認識的男性交換連絡方式之後，見了面就去飯店。也有人會請我吃飯，不過我的市場價值基本上就是上一次床日幣一萬五。

身體已經被父親玷汙過，因此我不覺得「要留給重要的人」，從十八歲起我已經這麼做了五年。雖然還不到能夠養活自己的程度，但是大概與幾十個人發生過關係。現在大概一個月一到兩次，比起巔峰時期少了很多……

其實我現在已經有了老公。是在戀愛之後，去年結了婚。

我很喜歡他，就連自己的過去也全部老實告訴他。

關於援交的經驗，他也抱著我說「妳過得很辛苦吧」，還跟我說不要再去囉。他的表情真的非常悲傷又非常痛苦，但我無法忘記他緊緊抱住我時的體溫。

但是、但是……我還是無法從這個行為當中金盆洗手。

我騙他說要跟朋友去玩，然後就在附近隨便找認識的男性發生關係。

我有徹底執行避孕，但也知道問題不在那裡。

我非常不甘心、也搞不懂。其實我們在結婚的時候，就幾乎把所有儲蓄都花在從我的惡劣父母那裡搬出來逃走，因此每個月的生活費就非常緊繃，並沒有多餘的金錢。

由於我有精神疾病，因此很難工作到令人感到滿意的時數，大概就是狀況好的時候去打個工而已。為什麼我無法讓自己不再援交呢？我明明有如此打從心底深愛我的先生……

我當然與先生也有性生活，非常開心又幸福，很舒服。

但是其實我今天也和以前常買我的男性發生了關係。

沒有喜悅、沒有歡樂、也沒有自我厭惡，什麼都沒有。

就算看似覺得舒服，那也只是我用演技表現出來的，心情上沒有任何動搖。

就好像我的感覺已經麻痺了，寫得這麼亂真是抱歉。
如果要刊登出來的話，還麻煩您幫我稍加修改成容易看懂些，真的非常感謝。
真抱歉我是這種人。

（がんも　二十三歲的女性）

A 這真的很糟糕。
我覺得妳現在陷入了非常糟糕的狀況。我馬上就有答案，也就是這件事情無法解決。

我以前曾經採訪過一位和妳一樣，遭受父親性虐待的女性。

那讓我完全體會到絕望這個詞彙的意義，甚至認為幸好我沒有那種有會性虐待他人的心靈。聽了那些內容幾乎連我都無法保持自己心靈安定，是非常糟糕、很痛苦的事情。我在回家的車站月臺上，吞下了醫生開給我的抗不安用藥，無法告知任何一位家人這件事情，幾天後去了精神科診所就醫。

她的父親在她十八歲的時候就罹癌過世（太好了，真的是太好了），但是母親卻一直虐待她（怎麼不早點死呢，我說真的）。

她在父親過世的時候，為了要逃離虐待而獨居生活。為了獲得獨居的資金，她和妳一樣從高中的時候就開始賣淫維生。

母親對於十八歲的女兒怎麼存到獨居資金毫不懷疑，反而認為她有賺錢的能力，因此提出了每個月給母親十萬日圓的條件，答應她獨居，成為公寓租約的保證人。

她獨居以後先是去工地做交通引導員的打工，但是需要支付房租、餐費等生活費，還要給母親錢，因此非常貧困。為了生活，她在打工日子較少的月分，也只能繼續使用交友網站來進行賣春。

由於賣春她懷了孕，但實在湊不出人工流產的費用，只好用力毆打自己的下腹，但這樣仍然無法墮胎。著急的她只好在賣春的時候讓男性不戴保險套就上，藉此拿到更多小費，才湊出了人工流產的錢。

雖然我無法斷言這與虐待有關，但她也罹患了精神疾病，結果無法繼續做工地的打工。在自殺未遂以後，被送去的醫院有公營的個案工作協助單位，因此她才能順利辦好生活救濟金的手續。但後來就連生活救濟金都被母親搶走，變得更加貧困，她為了活下去只能繼續賣春。

她說：「買下我的男性還會在便利商店買點心或者飲料給我，很溫柔。」真的令我大感震撼。她的人生一路走來實在太過沒有天理，要說有多麼慘烈，大概只要這句話就足夠了，因為實在太悲傷，我也哭了。

她說沒有人願意幫助自己，也沒有人能夠商量。我感受到她與其說是放棄，不如說這是她發現的真理。

並不是所有受到虐待的人都會罹患精神疾病，也有人不賣春而能生活，也有人非常努力。雖然也有那種人，這我當然知道啊。也有那種認為事情應該她自己負責而責備她的人，我也希望這種人能夠明瞭，推說那是她自己的責任，只能一掃你自己的憂鬱而已。

當然不是所有人都這樣，但是我採訪的虐待被害者當中，有許多同時罹患精神疾病而且陷入貧困狀態的人。被虐經驗、精神疾病、貧困狀態，只要有當中一種就很難生活了，但這些卻層層疊加使這些人生活更加困難，要脫離這個狀態也更是困難。

她一直認為是自己不好。妳說「真抱歉我是這種人」，讓我不得不想起了她的話語。

妳賣春的理由，是為了錢，還是覺得男性需要自己而心裡充實，又或者是希望心靈安穩，這我不明白。如果不想做卻還是做了，那可能就是一種依賴成癮。

原因和理由都不明，也很有可能就是層層加疊的狀況。如果妳真的不想做，那麼就需要治療，我認為先接洽醫療單位是非常重要的選擇。

還有，最好不要賣春。我不是以倫理觀來看待這件事情，也不是為妳的老公著想，而是單純以損益來衡量這件事情。

賣春的風險實在太高了。不管妳有多麼小心避孕，要是對方有那個意思，根本就沒差。而妳每個月賣春兩次能獲得的收入是三萬日圓，以如此高的風險來說，這個金額實在太低了。

以真正在風俗業上班的人來說，這樣子效率太差了。難道妳沒有這種感覺嗎？再說一點真心話，如果真的只能用賣春來賺錢，那也是沒有辦法。

和妳一樣賣春的女性，有時候還會遇到灌她們安眠藥然後玩性遊戲的人，醒來的時候對方已經消失蹤跡，當然也沒付錢。

如果發生什麼問題，妳應該也不想去找警察吧？畢竟讓先生知道就糟糕了。而妳賣春的對象也絕對了解這件事情。

而且，若是懷孕了該怎麼辦？這可能是先生的孩子，或者也可能是不特定多數的男性當中的某一位，到時候妳會比現在更加痛苦。

妳說自己的市場價值是一萬五，那是錯的。所謂市場價值，是要以需求及供給來決定的。妳所謂的一萬五，並不是妳的價值，而是賣春市場的市價。

不選擇風俗業，而以有風險的方式賣春的人，通常都是有原因的。她們很容易認為，便宜就會有客人。當然男性客人也會看那些賣春的女性情況，來想辦法要求降價。買春的男性，也都不是什麼好東西。就是那些想找比風俗店便宜，又沒有時間限制的上床對象，都是些下等客人。

一萬五這個市價，是根據賣春者與買春者的品質訂出來的，並不是妳的價值。如果賣春的理由是需要錢，又或者實在無法不賣，那就不要這樣賣，而是直接去風俗店工作會比較好。

二十三歲還很年輕，應該也會有些從前的客人看在妳的面子上賞臉前來。不要做賣春那種利潤微薄的事情，在風俗店裡可以保護妳不受風險所害，還能賣得比較高價。

經濟狀況上，手頭多點錢是很重要的。有原因而難以生活的人，為了要能夠生活得輕鬆些，必須條件之一就是重建經濟狀況。賺錢的方法什麼都好，而且不需要變成有錢人，只要先把目標放在不要每個月都非常緊繃就好。

經濟狀況穩定之後，視野就會比較開闊了，一旦變得比較從容，就能夠看到其他選項，貧窮就會變得遲鈍，一貧就會鈍。

但是想到先生的心情……也許妳會這麼想，而且其他人可能也會這樣跟妳說，但妳現在是非常緊急的狀態，妳可以先不要考慮先生的心情，請先好好考量自己的心情，保持妳自己心靈的安定。

先生的事情，就等妳比較從容的時候再想就好。如果到時候後悔而責怪起自己，那就怪到我身上吧，是我這麼建議妳的。當然不要讓老公知道比較好，因此最好還是隱瞞到底。

如果吃到摻毒的食物，有其他東西可吃的人也許還能把毒吐出來。但如果沒有其他東西可吃，那就只能先用加了毒的餐點餵飽自己，這是唯一的辦法。畢竟會割傷嘴巴，倒是不用連盤子都吃掉啦。

是要吐掉毒而痛苦，還是吃完那些毒而痛苦都沒問題，這種話我是說不出口的。

畢竟當然是有問題，那真的會非常辛苦。我也沒辦法叫妳加油，因為那種事情沒辦法加油，請預想最糟的狀況再行動。**通常想好最糟的情況，都不會到那麼糟，而且想好最糟的情況，也能夠做好心理準備。**

不過最好避免維持現狀，請先拋棄感情論點或者倫理觀念，狡猾點用損益來衡量吧。

就讓先生繼續愛妳，而妳和其他男性以性交易賺取金錢，狡猾地生活下去。只有現在需要這麼辛苦，等到比較從容以後，就脫離這個狀況吧！

我想要告訴你，你是一個好人

Q 臉很討厭性格很討厭無知很討厭無能很討厭臉很討厭腦袋不好的自己很討厭沒有搞笑的能力很討厭自己很討厭低學歷也就罷了但是邋遢的自己很討厭一直都很孩子氣的自己很討厭腦袋不靈光的自己很討厭無法努力的自己很討厭低收入的自己很討厭臉很討厭……我真的是有夠討厭自己，我討厭自己。

有很長一段時間我都受到這件事情束縛，人生所有事物都進入負面循環，不管做什麼事情都搔不著癢處，好不容易抵達某個地方卻又被踢落渾濁又黑暗的深潭當中，然後什麼事情都辦不到。

這樣的事情一再發生，所以我現在收入比打工還要少，當然沒有戀人或朋友，到頭來我根本沒辦法普通的與人說話。

即使如此，我仍然很努力在活下去，同時不要怨恨周遭。畢竟我是自作自受、就只有這麼點能力的人類。

由於我已經到達了放棄的境界，因此能夠接受現狀了然在心，我自己也明白之後就是人生的消耗賽，尋找死亡的場所，就是我接下來與老後的樣貌了。鄙視而討厭自己其實還滿簡單的，有時候還覺得挺舒適，因此我想除了自己以外，大概還有很多這樣的人吧？

不過我也覺得這樣一來就無法走回頭路了，這樣真的很危險，我想這也是在我平凡無奇的人生當中獲得的極少數教訓之一。

因此我也覺得不能讓年輕人重踏我的覆轍，最好是能有點忠告或者警鈴，因此要是具有影響力的幡野先生能說些什麼或是提出建言就好了，就試著投了這篇稿子。

（あべ　四十五歲的男性）

A

從臉很討厭開始最後是自己很討厭，好像把負面情緒煮到乾燥的玉米濃湯，又好像是把大概有兩百年左右的老醬汁慢慢加新醬進去的鰻魚老店醬料……能夠如此以負面情緒壓縮檔呈現的文章，如果不是真心話，還寫不出來呢！

這樣一來當然不可能交到朋友或戀人吧，我在心裡這麼想著就不小心寫出來了。

我原先想讀完以後，應該是沒有辦法回覆這個問題，還打算刪掉讓自己眼不見為淨。但是我終究還是沒刪，而且正回答著，因為在真的讀完以後，我明白了你是個好人。

仔細讀讀濃縮了負面情緒的文章，裡面關於腦袋不好提到四次、討厭臉三次，和其他事情比起來多了不少。附加的是沒有搞笑的能力、低收入、邋遢、一直太孩子氣等等，我想這些次數是不是別人這樣說你的次數，或者是與你受到打擊的程度成正比呢？

我不知道在家庭、職場或者學校等地方，是不是有人說你臉不好看、腦袋不好之類的，但這就像是鰻魚用的醬汁一直添加新醬一樣，你可能在許多地方被各種不同的人當成笨蛋吧？

你會覺得低學歷沒什麼關係，我想應該是因為沒有人拿這點來輕視你。

我也認為就像你說的，討厭自己、對自己評價非常低劣的人，應該有很多。當我在閱讀許多人煩惱文章的時候，感受到的就是有許多人會對於他人給予的評價囫圇吞棗，刻意拿自己和超級快樂的某個人去比較，而顯得自己非常低劣。

有些人如果人生過的辛勞、懷抱不滿，會變成非常具攻擊性的人，我認為這就是嫉妒的真面目。

越淡的傷口，就只需要淡淡的援助就能解決與救濟，其實那些人生辛勞、懷抱不滿的人也需要某種援助。但非常遺憾的，變成具有攻擊性的人原先雖然是被害者，卻很容易變成加害者，結果成為造成他人痛苦的那一方。

輕視你、說你很糟糕的那些加害者，很有可能就是那些轉變為帶攻擊性之人的前被害者。雖然是前被害者，一旦成為加害者就很容易遭受他人警戒，變得無法交到朋友和戀人，因此更加孤獨，攻擊性也會更加強烈。

明明是因為討厭孤獨，希望有人能夠作伴，但因為攻擊他人，就會變得更加孤獨，這真的是負面循環。

這就是為什麼我原先想刪除你的文章，因為我讀了開頭的負面情緒玉米濃湯，誤會你一定是已經成為加害者了。

那些「已經成為加害者的前被害者」，我也無法與他們往來，真的沒有辦法。雖然從光明面或者道德觀點上來說，都應該要好好聽他們的說法，但畢竟我也有自己的人生，我辦不到。

成為加害者的前被害者，經常都會有金錢以及收入的問題。最近也有一條推特是「我工作了十二年，月薪實領十四萬日幣：『日本完蛋了，對吧？』」引發討論話題。不過我看到了很多寫著「那又沒什麼，我月薪也只有十二萬日幣啊」的回應。

那些成為加害者的前被害者，如果雇用他人工作的話，想必也是只付十二萬日幣吧？明明知道月薪十二萬是有多痛苦的事情，會成為加害者的前被害者，就是希望自己的痛苦經驗，別人也都經歷一下，也就是會增加負面循環的人。

你並不怨恨周遭的人，甚至還希望別人不要重踏你的覆轍，對吧？你並沒有進入負面循環，不僅如此，你還打算要斷絕這件事情，在我看來你是人格非常偉大的人。

像你這樣的人真的不多，雖然小說那種充滿光明的故事裡會有很多這種人，但能夠成為救贖者的前被害者真的不多。

我認為像你這樣的人，應該要成為指導及培育年輕人的一方。

雖然你已經四十五歲，但從平均壽命看來你應該還會活個四十年。我覺得你可以接受自己（雖然這件事情非常困難），但是，也不必就進入放棄然後等死的消耗賽吧！

以你來說，我覺得這樣太可惜了。當然也不至於有過高的期待，不過我想你自己很清楚這件事情的加減程度。

畢竟你是由於他人給予的話語，才形成了現在這個討厭的自己，所以我覺得你可以用自己的話語來重新成形。

我的孩提時代，沒有人稱讚過我。因此長大成人以後，不管是誰稱讚了我什麼事情，我都無法打從心底相信。

即使如此還是能過得有個樣子，是因為我自己稱讚自己，而且我盡可能排除掉加害者的話語。

你是個好人，我想這句話你自己大概也不會相信。就算是我說的，你肯定還是不會相信。但我真的是這麼認為，還想跟你交個朋友。

不過，負面話語就別再說了，什麼都好，請試著說出喜歡的東西，我並不要求你還得學會搞笑才行。

如果我不覺得你是個好人，就會直接把你的文章刪掉了。雖然我不覺得自己能提出什麼良好建議，但我還是想要告訴你，你是一個好人。

要丟棄那充滿負面情緒的老醬，是很困難的，我也辦不到。會說要丟掉的，我想應該是些壺裡面沒裝負面醬的人才會這麼想吧？但是，醬汁是可以稀釋的。

人生還有四十年，就慢慢稀釋它吧！說不定負面醬的口味還不錯，也能打造出更好醬料啊！

在慢慢稀釋的過程當中，**最重要的就是不要與他人比較。如果要比，就和沒稀釋前的自己比，這樣應該能夠更加稀釋**。

也許你討厭自己，就先從「唉呀，這樣也沒關係啦」開始吧。

妳來問我，但我覺得妳別看會比較好

※此文依來函原文刊出。

Q 我兒子不去上學了，應該說他快要變成不去上學的孩子。

他現在國一，最近老打著自己身體不適的名號，一早就自己關在廁所裡面說沒辦法去學校，然後又去睡覺，中午前才起床，吃了午餐之後叫他去學校，又說不舒服所以休假。

他還有個姐姐是高中二年級，她在高一暑假的時候也說不想去學校，我鼓勵她去，幫她打起精神之後送她去學校，但她由於身體不適而在學校附近的車站嘔吐等等，這樣的情形發生過幾次以後，就再也無法去學校，她那麼拚命才進的高中，現在說「我再也不想去了」而休學。

由於家長的關係，孩子小學的時候就曾經轉學，而他們在新的學校遇到了霸凌，但我希望他們能夠在學校學習的社會的殘酷，並且跨越那樣的狀況等，我想他們長大之後一定能夠理解的，所以鼓勵他們繼續去上學，但女兒那間高中的學校心理指導師說「這樣就像是一直在拷問他們」，我心想難道我教育的方法錯了嗎？晚上夜不成眠，對一切都變得好悲觀，心想得和兒子多聊聊才行，用盡了我各種方法，但由於他也正好是青春期、反抗期，到頭來只惹得他煩躁，不管說什麼都被他抗拒在房門外，就算去學校商量，也只告訴我再觀察一下吧。聽到這種隨處可聞不好也不壞的回答，我覺得走投無路。

是我的教育方法太糟糕了嗎？到底是哪裡不對了呢？我終於開始思考這件事情。去年開始，我自己也前往心理治療診所。

我實在想找到些答案，甚至心想難道他看了幡野先生兩本書，我也沒說什麼好話都不行嗎！我不知道今後該如何是好，就這樣過日子。

雖然也有股衝動，覺得乾脆自己也用生病當成理由逃避好了，卻又做不到。

總覺得今後大概就得這樣活下去了，但又覺得想問問如果是幡野先生的話，您覺得如何呢？總覺得很抱歉。我打從心底希望您的病況能多少有些改善。

（煩惱的大人　五十歲的女性）

A 令嬡學校的心理指導師真是說了非常嚴厲的話呢。我無法全面掌握學校裡心理指導師的工作，不過我想一般應該不會說什麼「這樣就像是一直在拷問他們」之類的話。

但我想，肯定是因為他覺得不這樣說的話，妳根本無法理解。

學校的心理指導師應該很想拯救孩子吧，我想他應該憑著大量經驗馬上就看穿了原因何在。但是，就算他說得這麼嚴厲，妳還是無法理解呢！所以我接下來說的話會比他還要重。

妳自己也許是很痛苦，但我若是推了妳一把，將會給妳自信。這樣一來妳的孩子就會更加痛苦吧？但是如果一把折斷妳的想法，那麼妳會比現在更加痛苦。

如果不管倒向哪邊都有人痛苦，那麼我想要救孩子。因為他們比妳弱勢，但是絕對比妳有未來性、人生也比較長。

妳的孩子將來可能拯救他人的性命，也許會去捐血，說不定可以拯救像我這樣的病人，也可能憑著自己的經驗而去拯救他人。

雖然妳有去心理診所就診，不過考量到妳自己的身體狀況，也有個辦法，是不要再繼續讀下去。我覺得接下來的東西，妳就算讀了也還是不能理解，應該會非常消沉或者憤怒異常，我想妳的精神狀態應該會惡化。

那麼為何我還是要寫呢？因為我在想，妳的兩位孩子也許會因為什麼契機而讀到這篇文章也不一定。因為是妳來函詢問，所以我是回覆給妳，但這不是為了妳寫的，是為了妳的孩子們寫的。

妳最好是不要看喔，我說真的。

首先，妳完全不相信妳自己的兒子。不管是他肚子痛所以早上逗留在廁所當中，還是中午說身體不適，妳都覺得他說謊對吧？居然說什麼「名號」，還說什麼「自己關在廁所裡」。妳毫不遲疑的寫下這些用詞給我，那麼兒子的感受應該是十倍以上吧。

會無法離開廁所，就是兒子的求救訊號啊！

我想應該有很多人曾有過類似的經驗。別說是漏看了求救訊號，原本應該要保護自己的人，居然覺得自己是說謊或者裝病，應該打擊很大。妳現在也有去心理診所就診，如果對方說不相信妳身體不適，妳覺得如何？

這很明顯的，他在學校有遇到什麼討厭的事情。很可能是遭受霸凌，或是學業跟不上進度而被當成笨蛋。無論如何，應該是人際關係上覺得不舒服，所以他在學校沒有歸屬之處。

但是呢，他絕對不找妳商量。而是拚死地隱瞞這件事情，希望不要曝光。為何會這樣呢？因為他覺得妳一定不會相信他的。簡單來說，就是對妳感到絕望。

而且妳沒有稱讚過他對吧？他的自我肯定感一定也是殘破不堪。妳如果覺得兒子相信自己，那可就是錯到天邊去了。妳不相信兒子，所以兒子也不相信妳。

妳知道兒子在學校沒有歸屬感，在家裡也沒有的話，他會如何嗎？自我肯定感低，如果連一絲對將來的希望都看不到，那麼就是自殺，或是不斷壓抑自我而活下去，又或著遮斷一切閉關家中，也可能加入理解並且肯定他的不良集團，或者離家出走被壞人抓走。

不管是哪種情況都不太好對吧？所以每年到八月三十一日就會有人向大家喊話說「可以逃走喔」（注：日本公營電視臺ＮＨＫ在學校開學前八月三十一日的晚上，於電視及網路播放針對在學學生的節目，內容主要是提供學生傾吐不愉快，旨在告知大家如果在學校不開心，可以逃避不要去學校，還有很多人也想逃走，這種想法並不奇怪）。但妳卻不讓他們逃走對吧？再怎麼看都覺得妳是在把他們逼到死巷裡，我非常能夠理解學校的心理指導師評論妳「像是一直在拷問他們」的意思。

女兒的精神狀態差到在學校附近的車站嘔吐，然後不再去「那麼拚命才考上的高中」對吧？我非常懷疑妳的女兒是自己努力的嗎？難道不是妳刻意逼她努力的嗎？妳女兒不去的那個學校，真的是她選的學校嗎？是不是妳選的？

說到底，妳的問題沒有隻字片語是擔心兒子女兒的身體狀況，完全只擔心自己。妳啊，根本眼裡只有自己。因為被學校的心理指導師否定而大受打擊，為了要消除自己的不安、為了要肯定自己，把女兒這件事情輸了的報復，都用來逼迫兒子。雖然說什麼「希望他們能夠在學校學習社會的殘酷，並且跨越那樣的狀況」，但這只是願望，並不是教育。所謂教育是要指導他們方法，這不是學校老師可以教他們的，期待學校老師就錯了。

妳不告訴他們跨越這種狀況的具體方法，卻說什麼不要逃走、要好好面對、然後跨越吧，這只是努力就能達成的理論。妳的心理狀況也不是什麼努力就能治好的吧？妳自己辦不到的事情，要求孩子要辦到也太過殘酷了。殘酷上面還追加一點殘酷當裝飾品，這到底是怎樣啊？

如果，我是說如果我是妳的先生，應該會先向兒子詢問狀況，這樣就能夠尋求身體及精神需要的醫療，然後讓兒子自己前往診療。我和妳都不進診療室，要在外面等他。這是由於兒子會在意爸媽的眼光，而無法向醫療人員透露真心話。

然後他不想去學校的話，那就告訴他不去沒關係。相對的，他想做什麼事情就讓他做。不管是去釣魚、打遊戲、看漫畫、去運動或者騎腳踏車旅行都可以。

然後努力讓在家庭與學校以外的地方，有他可以溝通的場所，什麼地方都好，甚至看狀況，不良集團也不是不行，這是為了避免孤獨與孤立。念書方面就讓他念他自己想念，有興趣的東西就好。

為了要實現這點，我會計算需要花費多少時間和金錢。就和學校會畢業一樣，設立一個時間點，在那之前都要好好面對兒子。如果有能夠教他的東西就教給他，如果是我也不懂的事情，那就一起思考。

等到那個時間點到了，我就要從爸媽身分畢業。這不表示要拋棄他，而是像畢業以後學校老師就不會再干涉學生那樣，我也不會干涉孩子，也不會讓妳干涉。

既然他已經開始閉關家中，那麼目標就是讓孩子自立，當然這可能只是理想。周遭應該會有很多人說，這種事情辦不到啊，但以我的經驗來說，是辦不到的人才會這樣說，不需要聽他們的。畢竟不先把終點設定在理想處，會很難移動棋子前進，當然對女兒也是一樣。

但我想妳的先生大概不會這麼做。妳完全沒有提到先生的事情，應該是因為先生沒有任何幫忙育兒，而是完全交給妳對吧？或者是已經離婚、又或已經過世，但如果是離婚或者過世，我想妳一定會寫出來吧？

說到底如果先生有協助養育孩子，那麼就不會覺得「是不是我的教育方式錯誤」，因為那樣應該會覺得「我們」的教育方式才對。當然先生的問題也很大，結論上來說就是有個不關心孩子養育的父親，以及過度干涉孩子教育的母親，造成對孩子來說非常痛苦的情況。

妳最好與孩子們拉出一些距離。孩子們並不是為了妳的光輝燦爛人生而存在的，孩子有孩子自己的人生。就像孩子需要學校與家庭以外的溝通場所，妳也需要與家庭以外的人溝通。

不要再把他們逼到盡頭了，雖然妳可能沒有想著要這麼做，但具體來說妳有哪些行為是壓迫他們呢？就是否定孩子的價值觀，把父母的價值觀強加在他們身上。肯定他們的價值觀，在背後幫忙推一把會比較好吧？不要把妳自己的事情說給孩子聽，而是要聆聽孩子們的話語。

另外，請先把妳自己的身體調養好，妳哪有功夫幫我的病況祈禱啊？妳連一微米都不用在意我，先改善自己的身體，然後改善親子關係吧！改善要由妳做起。發現錯誤、理解錯誤，不要再次犯下同樣錯誤即可，畢竟每個人都會犯錯。

啊，結果妳還是讀完了嗎？

一直伴著妳的，不是殺死哥哥的殺人魔

Q 給幡野先生：

我的哥哥被路過的殺人魔殺害過世。當時哥哥十五歲，而我十歲。隨著我自己長大，哥哥遭到殺害一事，不知為何在我心中的輪廓也越來越清晰。而我終於超過了哥哥當時的年齡，覺得萬分空虛。為何被殺的會是哥哥？對於身為精神患者的加害者來說，那只不過是偶然，似乎只要能做到殺害這個行為，對象是誰都沒有關係。

我想我的爸媽和姊姊，內心也都有各自的痛苦與糾纏。但是，他們都好好的面對人生活下去，我卻覺得非常困難。我和家人的關係很好，但有時會在某個瞬間感到尷尬，空氣非常沉重。他們也都明白這件事情，因此會非常留心，這件事情總讓我也感到十分空虛。

我打算上了大學以後從家裡逃出去，因此在高中拚了命的念書逃避現實，上了國外的大學，正確來說是從家人身邊逃走了。我討厭那種空氣，我明明非常喜愛家人，但看著能夠勇往直前的那些人，原本我也應該要勇往直前才對，但我卻辦不到，因此非常痛苦。親戚們都積極看待此事，覺得我去外國的大學是朝著自己的目標前進等等，但我想爸媽和姊姊，應該都理解我只是不想待在這裡。他們理解這種情況，卻還是讓我去了，這是一種溫柔嗎？我無法好好整理這些情緒。

會感到尷尬的瞬間，就是只有我萬分憎恨犯人，或類似想著可以的話真想殺了那個人的時候。這種時候，我產生一種類似疏離感的東西，為何爸媽和姊姊都能那麼理智呢？我們的家人毫無道理的被殺害了啊！

犯人罹患精神疾病，那是犯人的家庭環境造成的。母親說，加害者也是個可憐人。但是疾病或者成長環境又如何呢？我無法原諒犯人。我無法原諒殺了人的傢伙，和我們一樣活在世上，我一輩子都不會原諒他。現在打這封信的時候，我的內心也充滿憤怒。

但是，在發現這點的瞬間，我想起了哥哥。那個時候，在我心中的哥哥是那個被害者、被殺害的哥哥。對於哥哥的記憶，逐漸被替換成別的東西，我只是一心一意憎恨犯人、被怒意侵蝕著。我覺得這非常悲傷，卻又無法可想。我非常喜歡哥哥。但是，這樣下去，我是不是會忘了一起玩耍而非常開心，他對我生氣時我覺得懊悔的心情等事情，我覺得很害怕。我想著自己是否會一直抱持著這樣的心情，因此非常痛苦。

而家人的視線及態度就像是在告訴我，即使如此妳也應該邁步向前。最近我為了出席姊姊的婚禮而要回老家一趟。他們邀請我前去的時候，我真心感受到他們的確在向前走，我覺得開心卻又無法老實地歡欣鼓舞，因為我覺得自己一步都沒有前進。

我不知道自己應該如何消化這份心情、應該要如何面對家人呢？

由於我幾乎沒有使用社群軟體，這個連載也是朋友介紹給我才知道的。我平常只有閱讀您的文章，而您的話語及照片總是非常真摯，我自己也希望能夠聆聽您的話語，因此投稿這篇文章。

真是抱歉寫了這麼長一篇文章給您。

（クロ　女性）

A 首先我得先向妳道歉。我想妳可能覺得哪裡怪怪的，因為我把妳現在的年齡刪掉了，也竄改了哥哥遇害的年齡。

理由當然是這樣很容易被特定出是哪個事件，不過像妳這樣可以冷靜讀取他人感情的人不可能沒注意到這件事情，我想應該是因為妳覺得曝光也沒關係，所以才寫了年齡。

我想妳可能覺得，不希望人家認為這件事情是騙人的，因為如果被認為是謊言，那麼就連哥哥的存在似乎都遭到了否定。刻意寫出年齡，對妳來說是哥哥的存在證明吧。

但這個世界上存在著各式各樣的人，多到令人感到悲哀。有些人在聽到事情不講道理到超過自己能理解的程度時，為了保持自己心靈安穩，就會希望這只不過是個謊言。如果明白那並非謊言，就會希望是被害者有錯。

這個連載的影響力大到連沒有使用網路社群的妳都能看到，還傳了這篇投書給我，因此就連我都不知道有哪些人會讀這篇文章。我擔心有人無心的話語，也許會讓妳哥哥再次受害，因此才刪了年齡。真的非常抱歉，我希望妳能夠在感受到異常的同時讀取到我的目的。

有件事情我平常就會非常留心，就是盡可能不要對人生氣或感到怨恨。由於我有過五年左右的狩獵經驗，曾經持有散彈槍，想想要是持有槍械的人非常易怒、很容易怨恨他人的話豈不是很可怕嗎？若是那些會逼車的人車上放著槍，我想應該會有很多人中彈吧。

由於只要有心，很簡單就能殺人，所以最重要的就是不要起這份心。雖然在我罹患疾病以後差點要自殺，所以我已經把槍枝處理掉了，但因為曾經持槍，所以現在也保持著不要發怒的習慣，不發怒真的非常輕鬆、很棒喔。

但是，如果我的兒子和妳哥哥一樣被殺的話，我想大概不管對方是什麼樣的人，我一定都會報仇，絕對不可能原諒對方的。

就算沒了槍，要刺哪個臟器、大概刺多深，這樣會花多少時間斃命，這我大概知道。一般成年人男性的身體，只要有五小時就能夠肢解完畢，放進四十五公升的垃圾袋，只要六個左右就能裝完。其實應該更少袋就能裝完，不過單一袋的重量也很重要，畢竟太重而造成袋子破裂不是挺麻煩的嗎？遺棄屍體的場所和方法我也大概有個概念。

如果自己的孩子遭到殺害，我想應該沒有父母可以原諒的吧？也沒有人可以要求妳要原諒犯人。如果有人告訴妳，神明不會給人無法跨越的試煉，那妳就爽快賞對方一巴掌吧。我想對方是不會把另一邊臉頰也伸給妳的，這就是人類真正的樣子。

如果被殺的不是我兒子，而是我的老婆，那我就不確定是否能夠這麼做了，我大概會與妳的爸媽一樣吧。畢竟還有兒子，復仇這個選擇馬上就會消失，只能積極向前活下去。

也許妳的爸媽看起來非常積極向前活下去，但我想那一定是為了妳和妳的姊姊。因為希望妳和姊姊能夠積極活下去，因此他們必須示範給妳們看，而積極的活著。我想他們並沒有原諒犯人，而且對於事件發生當天早上到事件發生之間的時間，自己所有的行動都感到後悔。「母親說，加害者也是個可憐人。」這種話一般很難說出口。雖然我想這應該是真心話，但這不代表原諒對方。我想妳的母親，應該是希望妳可以好好過自己的人生吧。雖然恨犯人，但她應該非常努力不要讓犯人連妳的心靈都給帶走了。

我想妳的姊姊應該也聽了很多人告訴她「妳是姊姊，所以要振作點」這種話。有些人還會被周遭要求當個好孩子、甚至陷入不得悲傷的境地。我不知道妳的姊姊當時是幾歲，但她應該被周遭的大人強迫成為一個明白事理的大人。我想妳的姊姊應該非常痛苦，大概感受到若是自己沒有好好振作，整個家庭都會崩壞的那種氣氛。

我不想給妳壓力，不過我想**妳的爸媽和姊姊並不是積極向前生活，而是為了讓妳不要迷路，讓妳在後面能追上大家，所以是面對妳，然後比妳早踏出一步**。他們應該是為了妳，所以才想著自己得好好振作才行。

由於妳的存在而使他們三個人能夠保持心靈的安定，也許妳覺得家人都往前進了一步，而覺得自己被拋下有種疏離感，但可能也因為三個人都前進了，所以妳的傷痕也僅止於疏離感。

如果妳的爸媽心靈不安穩，那麼妳別說是要升學到國外的大學了，恐怕連念書逃避現實、從家人身邊逃離都辦不到。如果爸媽一步也沒前進，那麼一定不會讓打算前進的孩子從自己身邊逃走，而妳也會為了爸媽而停止前進。這種情況就是互相依賴成癮，案例非常多。

我認為妳的爸媽真的非常了不起。他們在悲傷與後悔當中沒有停止思考，而試圖摸索出自己身為父母能夠做出的最佳選擇，一般來說是很難辦到的。

妳會覺得有疏離感，我想應該也跟事件發生的時候妳才十歲有關係。因為身為孩子所以無法理解，精神上也無法承受，因此大概資訊都被擋在門外了。這種事情還滿常發生的，就是由於疾病或意外而失去家人，或者是父母罹患了將會死亡的疾病也不讓孩子知道，一直到死後孩子才知道這件事情而感到悲傷。雖然這種情況很常見，但有過這種經驗的孩子，有許多在長大以後都會對人有不信任感及疏離感。

對妳來說，我認為最需要的就是老實將妳心中的話都告訴父母。如果是妳和妳的爸媽，我想一定沒問題的，不會因此打壞關係的。

與其聽我說什麼，我認為妳不如聽聽爸媽的話語會比較好。而且妳是不是也希望爸媽知道這件事情？修改年齡一事我很抱歉，但我想妳也是希望文章第一句話，就讓家人發現提出這個諮詢的人是妳。我想妳的內心可能多少想著，既然我的連載迴響如此之大，也許家人會偶然發現這篇文章。

如果煩惱不知該如何開口，那就把妳傳給我的內容複製貼上傳給他們就好了，這是充滿妳真心話的文章，我想妳的爸媽也一定與妳一樣煩惱，希望妳可以和他們談談。

我想他們一定不是比妳早跨出一步，而是一直走在妳身旁。

結語
如果話語能夠推動一個人前進，那麼我盡可能想要當一個能夠推著別人前進的人

看過幾千件煩惱以後，我發現人類的煩惱全都來自人際關係。

就算是金錢、工作或者將來等乍看之下與人際關係無緣的煩惱，其實只要剝去外皮就能發現隱藏著與家人、朋友、戀人等人際關係在底下，希望某些人喜歡自己、不想被討厭等等，在意他人目光或是社會的評價。

煩惱的人並不是正在煩惱，而是感到不安。

幾乎所有情況下大家都已經找到了煩惱的解答，只是對於答案沒有自信。

大家都一樣，在談未來夢想的時候，若是有人劈頭一句「辦不到的啦」來否定自己，就會造成不安。

若有人笑著說「你肯定沒問題的」而肯定自己，就會覺得有人在背後推了自

己一把。

就算那是非常明顯不可能實現的夢想，本人當然也理解那是不可能實現的。煩惱的人並不是希望自己的煩惱能夠得到具體的解答，而是希望有人能夠理解自己的不安，肯定自己的解答。

因此煩惱商量當中最重要的，就是找到對方的答案。

解答就在對方談論煩惱的話語當中，因此煩惱諮商的工作就是分析對方。

男性很容易只做到「解決問題」，而女性很容易只提供「同感」，這兩者都不夠。我認為煩惱諮商者要做的就是均衡混合這兩者。

我自己不太有煩惱的事情。

我是那種「哎呀，總有辦法的啦」的悠哉人類，而不是那種自己解決煩惱的人。就算是罹患了癌症這種大病，或是來不及趕上搭飛機的時間、交稿時間快趕不上之類應該要慌張的狀況，我也都是悠哉想著「哎呀，又不會馬上死人」的狀態。

我想笨蛋到死了都治不好，應該是真的。

就算遇到了實際上會死掉的狀況，我的笨蛋病也沒治好。

我也不太有希望誰喜歡我，或者不想被討厭這類感覺。即使自己如此也還是喜歡自己，不管別人怎麼想都喜歡自己比較重要。

會悠哉而不在意他人，也許就是不煩惱的訣竅。正如同本書的書名「為什麼大家都來問我？」我老是會撞上這個問題形成的牆面。我並不是對於有人找我商量事情感到不滿，而是覺得去找那些已經建構人際關係的親近之人商量，應該會比找我商量來得好吧？

人類的煩惱的原因都出在人身上，能夠消除人類煩惱的大概也只有人類。

如果話語能夠止住一個人的腳步，也能夠推動一個人前進，那麼我盡可能想要當一個能夠推著別人前進的人。

只需要找出對方的解答，然後推他一把就行了。

就從「你想怎麼做？」這句話開始就可以。

二〇二〇年新春　幡野廣志

本書內容由網站「cakes」的專欄：
〈幡野廣志的，為什麼大家都來問我？〉增補修訂而成。
（二〇一八年十月三十一日～二〇一九年十月二十八日刊載）

Eurasian Publishing Group
圓神出版事業機構
用心與你對話・網野無限寬廣
圓神出版社
Eurasian Press

www.booklife.com.tw　　reader@mail.eurasian.com.tw

勵志書系 148

為什麼大家都來問我？只因受苦的人想得更透徹

作　　者／幡野廣志
譯　　者／黃詩婷
發 行 人／簡志忠
出 版 者／圓神出版社有限公司
地　　址／臺北市南京東路四段50號6樓之1
電　　話／（02）2579-6600・2579-8800・2570-3939
傳　　真／（02）2579-0338・2577-3220・2570-3636
總 編 輯／陳秋月
主　　編／賴真真
責任編輯／林振宏
校　　對／林振宏・歐玟秀
美術編輯／李家宜
行銷企畫／陳禹伶・朱智琳
印務統籌／劉鳳剛・高榮祥
監　　印／高榮祥
排　　版／陳采淇
經 銷 商／叩應股份有限公司
郵撥帳號／ 18707239
法律顧問／圓神出版事業機構法律顧問　蕭雄淋律師
印　　刷／祥峰印刷廠
2021年11月 初版

定價 320 元　　ISBN 978-986-133-798-2　　

一旦否定了什麼，也會讓自己的可能性變得更狹隘。

——《爲什麼大家都來問我？》

國家圖書館出版品預行編目資料

為什麼大家都來問我？：只因受苦的人想得更透徹／
幡野廣志 著；黃詩婷 譯.
-- 初版. -- 臺北市：圓神出版社有限公司，2021.11
256 面；14.8×20.8 公分. --（勵志書系；148）
ISBN 978-986-133-798-2（平裝）
1.人生哲學 2.生活指導

191.9　　110015661

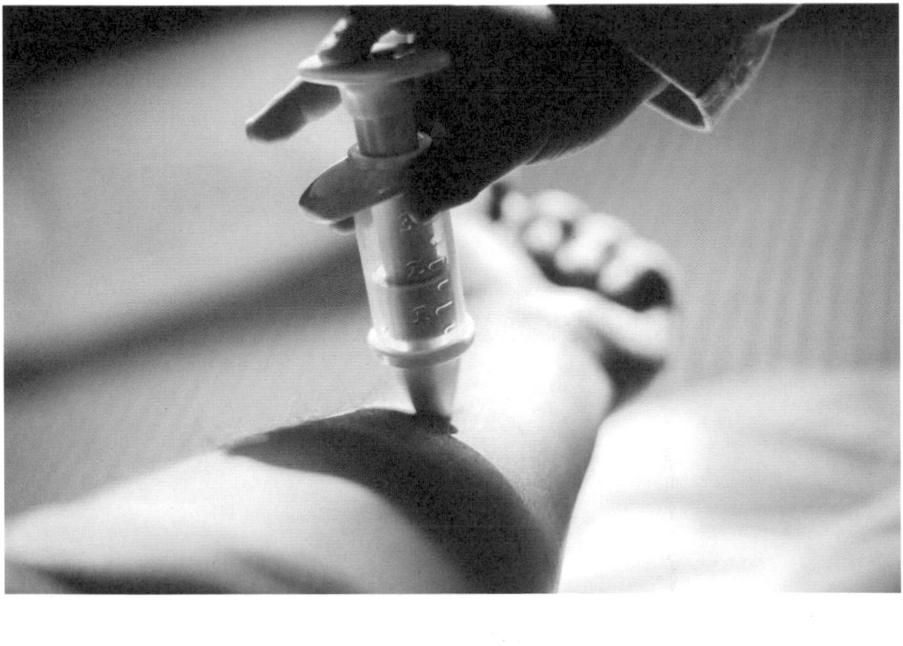

ドライブスルー